孙子兵法 三十六计

〔春秋〕孙武 等 著

〔明〕无名氏 编

兵者，国之大事，死生之地，存亡之道，不可不察也。故经之以五事，校之以计，而索其情：一曰道，二曰天，三曰地，四曰将，五曰法。

〔三〕

"用兵如孙子，策谋三十六"，《孙子兵法》与《三十六计》代表着我国古代军事理论的最高水平。

线装书局

前 言

"用兵如孙子，策谋三十六"，《孙子兵法》与《三十六计》代表着我国古代军事理论的最高水平。它们所体现出的丰富的智慧和内涵，使其影响已远远超出军事学领域，不但为中外政治家、军事家学习和运用，而且被众多哲学家、文学家和企业家所借鉴，并成为人们日常生活的精神指导和成功指南。

《孙子兵法》的作者孙武，字长卿，孙子或孙武子都是对他的尊称。他是中国军事学的奠基人，古人称他为"兵圣"。孙武的生卒年月在历史上没有明确的记载，我们只知道他生于春秋晚期，出生地是齐国，活动于公元前 6 世纪末至公元前 5 世纪初，大约和孔子同时期。孙武从事军事活动是他由齐国到了南方的吴国以后，经吴国名将伍子胥推荐，和伍子胥一同辅助吴王治国练兵。当时，吴王阖闾非常欣赏孙武和他著成的兵法十三篇，想看看兵法十三篇的可操作性，于是集合了吴宫一百八十名宫女请孙武训练。被娇宠惯了的两个任队长的吴王宠姬，三令五申之后仍然嬉戏无度，不听号令。孙武随即严命斩首，吴王出来说情也无效，结果一百八十名宫女被训练得令行禁止，纪律严明。之后，孙武担负起吴国的军国重任，他率领吴军西破强大的楚国，北方与齐、晋抗衡，对吴国的崛起起了十分重要的作用。他所著的《孙子兵法》被喻为"兵经""百世谈兵之祖"，历代兵学家、军事家甚至政治家无不从中汲取养料，曹操、唐太宗、宋仁宗、王阳明、张居正等都曾力主学习此书。在国外，人们对《孙子兵法》更是推崇备至。不少国家的军校把它列为教材，比如美国的国防大学、西点军校等就把《孙子兵法》列为战略学和军事理论的必读书。在商业领域，《孙子兵法》也是大放异彩，哈佛商学院将《孙子兵法》列为高级管理人才培训的必读教材，日本的"经营之神"松下幸之助更是将其奉为圭臬，他的经营思想中无不渗透着《孙子兵法》的军事精华。

《三十六计》是根据我国古代卓越的军事思想和丰富的斗争经验

总结而成的兵书，是我国古代兵家计谋的总结和军事谋略学的宝贵遗产。该书在20世纪40年代之前，未见诸任何文献记载，因此无法确切考证是何人何时所著。据很多学者称是南北朝时檀道济所著。"三十六计"一语，出自《南齐书·王敬则传》，《传》云："檀公（道济）三十六策，走为上计，汝父子为唯应走耳。"意思是王敬则讽刺东昏侯父子，败局已定，无可挽回，唯有退却，才是上策。《三十六计》蕴含了丰富的军事斗争经验和卓越的军事思想，集"韬略""诡道"之大成，素有兵法、谋略奇书之称，是古代兵家行军作战的决胜宝典。它蕴含着丰富的东方智慧，曾使中国历史多次被改写，并以独特的魅力影响着世界的政治、经济和军事，使世界无数政治家、企业家、军事家扬名于天下。法国海军上将科拉斯特称赞它是一本"小百科全书"，系统形象地描绘了"诡道的迷宫"，而日本人则称其为"运筹帷幄的诀窍"。它既是政治家、军事家的案头书，也是企业家与商人在商海中进退自如的法宝。

　　时至今日，《孙子兵法》与《三十六计》已以近30种文字在世界范围内广泛流传。本书将这两部经典著作合二为一，在原著基础上增设了注释、译文、名家品读、实用谋略和商业案例等栏目，在重现古典兵书原貌的同时，以现代视角对古典计谋进行全新解读。同时，为了帮助读者全面深入地理解这两部内容博大精深的著作，编者还精心绘制了精美插图，这些图分为战例示意图、战略解析图。战例示意图是随文列举历代最经典的战例，绘制成战争双方军力部署、进退虚实以及天候地理的情况，以实际战例加深读者对原著的理解。战略解析图是随文绘制的用《孙子兵法》与《三十六计》解析著名战役战略思想的系列图表，使读者更加直观地掌握这两部著作所蕴含的令人惊叹的谋略智慧。通过真实的人和事具体而微地学习《孙子兵法》与《三十六计》的用兵之道中所承载的普遍哲理。

　　科学简明的体例、充满智慧的文字、精美珍贵的图片、注重传统文化与现代审美的设计理念，多种视觉要素有机结合，打造出一个丰富的阅读空间，全面提升本书的欣赏价值和艺术价值。通过阅读本书，可以帮助读者在竞争日益激烈的当代社会里纵横捭阖、游刃有余，真正实现运筹帷幄之中，决胜千里之外。

目 录 ━━━━━━◎

第二套　敌战计（续）

第八计　暗度陈仓

【原文】

示之以动①，利其静而有主②，益动而巽③。

【注释】

①示：给人看。动：这里指正面佯攻、佯动等迷惑敌方的军事行动。

②利其静而有主：敌方静下心来专注于（我方的佯动）则对我方有利。主，专心、专一。

③益动而巽：语出《易经·益》："益动而巽，日进无疆。"意思是，充分发挥军事行动的灵活性，像风一样乘虚而入、迂回偷袭。益，增加。巽，八卦之一，象征风，风无孔不入，有隙即钻。

【译文】

采取佯攻的行动，利用敌人在某地集结固守的有利时机，迅速绕到敌人的薄弱之处发动突袭，出奇制胜。

【计名讲解】

此计全称为"明修栈道，暗度陈仓（古县名，位于今陕西省宝鸡市东）"，出自西汉司马迁《史记·淮阴侯列传》。"明修栈道，暗度陈仓"既是汉大将军韩信运用过的一个计谋，也是古代战争史上的著名战例。

秦朝末年，群雄并起，楚怀王许诺，先入关中者为王。

公元前207年，项羽在巨鹿之战中大败秦军，想要趁势一举攻下咸阳。但当他到达函谷关时，却获悉刘邦早已趁着他与秦军激战时抢先进入关中，攻占了咸阳，并与关中父老约法三章，赢得了民众的支持，自立为关中王。

项羽大怒，仗着自己军事实力的强大，率军直逼关中，扬言要消灭刘邦。刘邦自知不敌，于是将咸阳和关中拱手相让。

公元前206年，项羽自封为西楚霸王，定都彭城（今江苏徐州），势力范围包括今天的江苏、安徽、山东、河南等地区。然后项羽给各路诸侯"计功割地"，按说其中刘邦功劳最大，项羽却视而不见，故意将偏僻荒凉的巴、蜀分封给刘邦，刘邦因此获得了"汉中王"的称号。

但就是这样，项羽仍然不放心，又将与汉中相邻的关中之地一分为三，分封给秦朝的三位降将——雍王章邯、塞王司马欣和翟王董翳，让他们率领重兵镇守，以遏制刘邦北上。其中，直接与刘邦相接的是雍王章邯。

刘邦见状，心中怨愤不已，就想立即率兵进攻项羽，在萧何、张良的一再劝阻下，才决定隐忍不发。

眼见天下分封已定，张良打算离开刘邦，回韩国侍奉韩王成。临行前，刘邦送给张良许多金银珠宝，张良却悉数转赠给项伯，并请求他说服项羽将汉中地区封给刘邦。项伯果然照办。于是刘邦占据了秦岭以南巴、蜀、汉中三郡，建都南郑（在今陕西南郑县东北）。

刘邦前往汉中时，张良为他送别，走到褒中（今陕西褒城）时，张良见此处群山环抱，沿途都是悬崖峭壁，只有栈道可以通行，于是建议刘邦沿途烧毁入蜀的栈道，一方面表明刘邦自己绝无东扩之意，消除项羽的戒心，一方面也可以防备他人的袭击。然后在蜀中养精蓄锐，等待时机。刘邦也依计而行。

刘邦内心深处一天也没有忘记过争夺天下的雄心，进入汉中后，他励精图治，积极休整。公元前206年，刘邦见时机成熟，便派大将军韩信东征。而陈仓，正是刘邦从汉中入关中的必经之地，两地之间有崇山峻岭阻隔，又有雍王章邯率重兵把守，要强攻夺取，殊为不易。

为了麻痹敌人，韩信向刘邦献上一计，他故意派出樊哙带领一万士兵，大张旗鼓地修复已经被烧毁的山间栈道，并限令一个月修好，摆出一副要从原路杀回关中的架势。

章邯果然中计，他一方面觉得十分好笑，因为这样浩大的工程

没有几年是无法完成的；另一方面也确实如韩信所料那样章邯密切注视着修复栈道的进展情况，并调来重兵在栈道所经地区的各个关口严加防范，准备阻拦汉军进攻。

但令章邯万万没有想到的是，就在栈道开始重修不久，韩信早已暗中率领汉军主力部队翻山越岭，从隐蔽的小道偷偷来到了陈仓，出其不意地从侧面发动袭击，一举攻下了陈仓。章邯听说陈仓失守，慌忙率兵迎战，结果连连失利，章邯见大势已去，被迫自杀。在不到三个月的时间里，刘邦就趁势一举平定了三秦，夺取了关中地区，并以这块富饶的宝地为基点，开始了争夺天下的大业。

"暗度陈仓"意思是正面迷惑敌人，悄悄绕到敌人侧面发动突然袭击。

古人按语说："奇出于正，无正不能出奇。不明修栈道，则不能暗度陈仓。"意思是：奇兵与正兵要相互配合，如果没有正面攻击，就无法出奇制胜，就好像如果不去明修栈道，也就没有暗中东出陈仓一样。这则按语讲出了"奇""正"的辩证关系。奇正相互对立，又相互联系。孙子说："凡战者，以正合，以奇胜。"这里的"正"，指的是兵法中的常规原则；这里的"奇"，指的是与常规原则相对而言的灵活用兵之法。其实，奇正也可以互相转化。比如，"明修栈道，暗度陈仓"，写入兵书，此法可以说由奇变为正，而适时的正面强攻又可能转化为奇了。按语中举了三国时邓艾与姜维的故事："昔邓艾屯白水之北，姜维遣廖化屯白水之南而结营焉。艾谓诸将曰：'维今卒还，吾军少，法当来渡而不作桥；此维使化持吾，令不得还，必自东袭取洮城矣。'艾即夜潜军，径到洮城。维果来渡。而艾先至，据城，得以不破。"在这则故事当中，邓艾识破了姜维的"暗度陈仓"之计，认定姜维派廖化屯白水之南，不过是想迷惑自己，目的是袭取洪城；等姜维偷袭洪城时，邓艾已严阵已待了。邓艾懂得兵法中奇正互变的道理，识破姜维之计。由此可见，对于熟悉兵法的人来说，战场上千变万化，使用各种计谋，必须审时度势，机械搬用某种计谋，是难以成功的。

● 暗度陈仓

本计全称为"明修栈道，暗度陈仓"，出自司马迁《史记·淮阴侯列传》。敌人固守一方时，已方采取正面佯攻，故意暴露行动，而暗中却悄悄地迂回偷袭的策略，这是一种用造假象的手段来乘虚而入、出奇制胜的策略。

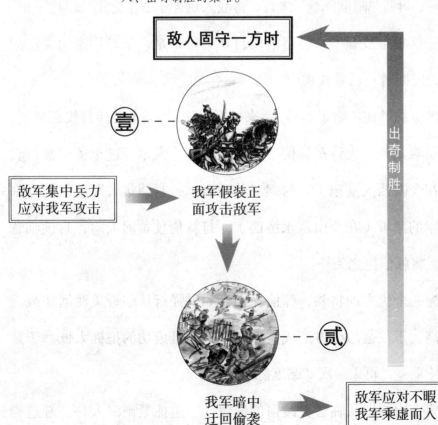

实用谋略

韩信二施"暗度陈仓"之计

在通常情况下，成功实施了某一计策之后，敌人多半会吸取教训，防止再次上当，聪明的将领甚至会将计就计，借势取胜。因此，故技重演往往很难奏效。但韩信不愧是古代军事奇才，他在暗中出陈仓，取汉中后，再施"暗度陈仓"之计，将敌人玩弄于股掌之上，堪称一绝。

在楚汉相争过程中，各路诸侯自知力量不足，于是均密切关注战争动向，随时替自己寻找靠山。

西魏王豹最初依附于刘邦，后来见汉兵失利，马上就转身投靠项羽，并公然反对刘邦。大将军韩信率兵进攻西魏，大军行进至黄河渡口临晋关（在今陕西大荔东）。西魏王豹闻讯，赶紧调集大军前往把守临晋关对岸的蒲坂（在今山西永济西），打算倚仗黄河天险，封锁临晋关河面，将韩信拒之关外。

作为一个优秀的将领，韩信深知，如果强行从临晋关渡河作战，难度太高，不仅会给己方造成大量伤亡，而且成功的把握太低。于是决定故伎重施，再来一次"暗度陈仓"。

韩信一边制造从临晋关渡河的假象，一边抓紧调派人马，赶造船只，还派出探子秘密沿黄河上游察看地形。经过认真调查和反复比较，韩信发现黄河上游夏阳（在今陕西韩城南）地势险要，魏兵守备虚弱，于是韩信决定从那里渡河。

韩信命令佯装从临晋关渡河，让部分士兵击鼓大声呐喊，并拖船入水，摆出大举强渡的架势，魏军紧张地注视着汉军在临晋关的一举一动，却无论如何也想不到，韩信已经率领汉军主力从夏阳渡河，然后一路直扑魏都平阳（今山西临汾）。

等到西魏王豹得到消息，匆匆出动人马堵截汉军时，一切都为时已晚。汉军势如破竹，占领了西魏，生擒了西魏王豹。

邓艾偷渡阴平

三国时期，魏将邓艾施用"暗度陈仓"之计，灭掉了蜀国。

三国后期，蜀主昏庸，吴主残暴，魏国实力最为强大，不过大权都掌握在司马氏手中。司马昭为统一天下，派大将邓艾和钟会率军伐蜀。

钟会开始连战皆捷，占领了蜀国许多城池，后来却被蜀国大将姜维阻挡在剑阁之外，无法继续西行。钟会手下人数虽多，却奈何不了姜维，再加上粮草供应跟不上，只能盘算着撤兵回去。

正在这时，邓艾从阴平赶来。当时，钟会统领着十万大军，他自恃兵多将广，根本不把手下仅有三万人马的邓艾放在眼中。

邓艾早就听说钟会在剑阁受阻，当时他就在心中暗自盘算：剑阁地势险峻，无法通过，是否还能找到别的入蜀通道呢？

于是他派出许多探马去调查当地的地形、环境，终于发现了一条从阴平通往成都的隐秘小路。这条小路据说是当年汉武帝南征时派人开凿的，四面都是崇山峻岭，已经有三四百年无人行走了。

听到这个消息后，邓艾心中大喜，心想，真乃天助我也。既然此路已有好几百年无人通行，想必蜀军做梦也想不到我会率军从此路秘密前往成都，自然也不会加以防范。

而剑阁地势险要，素来有"一夫当关，万夫莫开"的说法。邓艾赶到剑阁后见此情形，知道短时间内无法从正面攻破剑阁，于是把自己的想法告诉了钟会。

钟会当时早已是身经百战、沙场经验丰富的大将，素来瞧不起邓艾，现在听他讲出这种异想天开的计策，更是万分不屑。但是钟会想让邓艾出丑，所以并不阻拦。

邓艾知道钟会的想法，便向司马昭建议说不如派一支队伍偷渡阴平天堑，过汉中德阳亭，然后直取成都，姜维得到消息，必定率军援救，到时候就可以趁虚攻下剑阁了。

司马昭觉得此计甚为合理，便予以采纳。他一方面命令钟会继续从正面进攻，并架起云梯炮架，只管猛攻剑阁，以吸引姜维的注意力；另一方面派邓艾领兵偷偷往阴平而去。

邓艾命儿子邓忠为先锋，率五千精兵手执斧头、凿子等器具，逢山开路，遇水架桥，自己则亲自率领三万人马带着干粮、绳索沿着开凿的险路紧随其后。魏军几次陷入绝境，但硬是凭着勇气闯了过去。这样马不停蹄地奔行了二十多天，他们共走过了七百多里的崎岖山路。

最后，魏军来到江油北面的摩天岭，邓忠与开路的士兵见前面已是深谷绝壁，人马无法前进，也无法再开凿道路，唯恐前功尽弃。邓艾对将士们说："'不入虎穴，焉得虎子。'我们已经走过了七百多里山路，前面就是江油。哪怕脚下是刀山火海，我们也绝不能后退半步，一定要闯过去。"将士们受到邓艾慷慨之气的激励，表示愿意与他同生共死。

于是，邓艾命令士兵们将武器扔下山去，然后带头用毡裹住身子滚下深谷。部将们也不顾生死，紧紧跟随邓艾，有毡的裹着毡滚下山，没有毡的就将绳索绑在腰上，攀着树木，鱼贯而行。终于，邓艾率军成功越过了摩天岭，然后直奔江油。

当邓艾军突然出现在江油城下时，蜀军守将正在家中饮酒。他们本以为守住了大路就万无一失，却根本料不到邓艾会突然出现，结果很快就被消灭，邓艾轻松拿下了江油。

接着，邓艾又乘胜前进，一路拿下涪城、绵竹，后主刘禅听到消息，也不打算率军抵抗，率太子及群臣六十多人出城投降，蜀汉就此灭亡。

李允则筑城御敌

由于五代十国时期，由于石敬瑭把幽云十六州割给辽国，中原地区的北面门户大开。北宋建立后，一直想收回幽云地区，但辽国已在此经营多年，北宋的几次进攻都无功而返。后来，辽国频频南下，北宋始终处于不利地位，只能采取守势。

北宋真宗时，李允则担任雄州知州，为防备契丹大军突然南下进犯，他打算修筑城池，防患于未然。

但问题在于，当时契丹与北宋已经签订了和约，如果公开在边境修城筑墙，怕契丹会以此为借口，趁机进行武装挑衅，到时候北宋反而落个主动挑起战事的责任。再加上契丹军事实力强大，北宋朝廷一味苟安求和，因此必须更加谨慎行事。

在雄州城北门外原来有一个瓮城（又称月城、曲池，是为了加强城堡或关隘的防守，而修建的半圆形或方形的护门小城，多建在城门外，但也有建在城门内侧的特例），李允则想修筑一个大城，把这个瓮城也包围进来。于是他先下令在城北修建了一座东岳祠，购置了许多祭祀器具，同时派人在路旁演奏，一时鼓乐喧天。这其实主要是为了引起契丹人的注意。

过了几天，李允则命手下人偷偷将东岳祠中的祭祀器具全部运走。然后放出风声，说这些器具是被契丹人盗走的。李允则还煞有介事地派人四处捉拿盗贼，闹得满城风雨。趁此机会，李允则表示：盗贼横行无忌，必须筑城围护才行。

有了这个借口作为掩护，他开始大张旗鼓地修整城墙，并把原来居住于瓮城的人全部纳入新修的大城之中。

每年祭祀河神的时候，李允则都会在两国界河举行划船比赛，并欢迎契丹人前来观看。这个划船比赛其实是水战演习。

雄州北面原本挖了许多陷马坑，还修建了许多供瞭望用的土堡。李允则故意对人说："我大宋既然与契丹讲和，还要这些东西干什么呢？"于是命令填平陷马坑，拆除土堡，在上面开垦田地，并在四周修建矮墙，种上大片荆棘。这样一来，这个地方反而比之前更加难以行走。

李允则还在北部修建了一座佛塔，站在塔顶，可以将方圆三十里的景象尽收眼底。又命人在边界种上榆树，时间一久，这些地区树木林立，自然而然地形成了天然屏障。李允则告诉身边的人："成长起来的榆树是最好的障碍物，能使敌人的骑兵无用武之地。"

李允则煞费苦心，制造种种假象，巧妙筑城设防，敌人却误认为他的所作所为只是为了让百姓有一个良好的生活环境，并无其他企图。在契丹尚未明白李允则的真实意图时，一座牢固的防御堡垒已经建成。

商业案例

福特巧施妙招收回股权

在商战中，要想在竞争中取胜，可以向对手的某一方向进行佯攻以吸引对手的注意力，然后利用对手已决定在这一方面固守的时机，悄悄地迂回到另一地方进行偷袭。

1902 年，亨利·福特创办了福特汽车公司。短短几年内，福特汽车公司就发展成为美国最大的汽车公司。今天，福特公司已经成为世界第二大汽车公司，亨利·福特是当之无愧的"汽车大王"。

不过，任何一个人在通向成功的道路上都会遭遇各种挫折，这位"汽车大王"也不例外，他在确立自己"汽车大王"地位的过程中，也碰到过各种麻烦和障碍。

1916 年 11 月的某一天，福特和往常一样，坐在办公室里阅读报纸，突然看到报纸上一个大标题，上面写着："爆炸性新闻！道奇兄弟状告福特！"

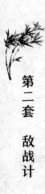

原来，道奇兄弟在福特公司占有大量股份，因为福特进一步降低 T 型车的价格，并把全部利润用于扩大再生产，他们认为这严重侵害了股东的利益，于是一纸诉状将福特告上法庭，说其侵犯股东利益，有意垄断汽车行业，同时要求公司对巨额利润进行分红。

这件官司打的非常漫长，一直拖到 1919 年 3 月，法庭才作出宣判：福特降低 T 型车价格的利他主义精神固然值得提倡，但是作为公司的管理者，他有义务将红利分发给股东。于是法院判决福特必须将不低于 1900 万美元的利润分发给股东，而剩余的一半利润，他可以用于扩大投资。

以福特公司的财政状况，要给股东发放高额红利并不困难，但法院作出的这一裁决却并不能让福特满意。因为那些所谓的股东只在公司创建之初投入了一点儿钱，然后就只顾坐享其成，根本就没有为公司的发展尽一点儿力，现在却还想伸手要钱，所以福特的确心有不甘。

福特心中对股东非常不满，心想：怎样才能让这些股东主动离开公司呢？经过一番冥思苦想，一条妙计诞生了。

第二天，福特宣布辞去福特汽车公司总裁的职务，由他的儿子接任。没过多久，报纸上就登出了一则新闻："亨利·福特正准备成立一个大型的新汽车公司！"新闻还说，这家新成立的汽车公司完全由福特家庭控股；在新公司里，福特可以尽情生产便宜实用的大众车，到时候，这家新公司肯定会超越现在的福特汽车公司。

这则新闻就像一颗炸弹，福特汽车公司的股东们听到这个消息后，开始着急起来，都在心里盘算着：福特的儿子任总裁后，公司前途还有希望吗？自己的利益还能保住吗？自己手中的股票又会怎样？

就在他们彷徨无措时，一个中间人像救星一样"及时"出现了。此人表示自己愿意做股东们出让手中股份的中间人。为了维护自己的利益，股东们当然巴不得手中的股票越早出手越好，大概心里还在奇怪：在这种关键时期，到底还有谁愿意收购福特汽车公司的股票呢？

而这个人，正是亨利·福特本人。他花了 1.06 亿美元，将股东们手中的福特汽车公司的股票全部买了下来。

福特汽车公司凝聚着福特多年的汗水，福特怎么可能轻易放弃？因此，他玩了一个小手段，施用暗度陈仓之计，买下了所有的股份，同时如愿以偿地赶走了那些对公司毫无贡献而只会坐享其成的股东。福特汽车公司终于成为亨利·福特的家族公司。

三井东山再起

三井和三菱是日本两大著名财团，有道是"一山不容二虎"，这两大财团相互对立，就成了很自然的事情。

在一次业务竞争中，三井失败，导致产品大量积压，资金周转不灵，另外还有一项革新技术没有公开。

为了帮助公司摆脱困境，有人建议，将现有产品以低于三菱公司的价格出售，然后将革新技术转让出去，与三菱作最后一搏。

三井公司的董事长没有采纳这一建议，他看准了三菱公司狂傲自负这一弱点，故意对外宣布三井公司停止营业，并大量裁减人员，同时向媒体宣布，三井公司将改变经营性质。

三菱听说三井公司准备改变经营性质，错误地认为三井已经垮台，从而放松了对三井的警惕。而三井则利用这个机会，暗地里集中全力将新技术应用到新产品中。

其实，当初三井在裁员时早已经过了慎重选择，留下的全部是技术骨干。两个月后，三井的新技术转产成功，大批新产品瞬间涌入市场，风行全日本。短短一周的时间里，三菱公司的产品全部滞销，三井用暗度陈仓之计战胜了三菱。

音乐教室的回报

在商业竞争中，"暗度陈仓"也不失为一个良策。通过表面现象迷惑和麻痹对手，暗中为实现真实目的而积极行动，以此来战胜对手，这样才能赢得顾客，获取经济效益。

川上源38岁时担任了日本乐器公司——山叶音乐振兴会的董事长。他上任后，首先就行业和市场状况进行了调查分析，知道要想在激烈的商业竞争中获胜，就必须先仔细规划，铺好制胜的道路，再一步步走向成功。于是，一个关于公司发展的长远计划在川上脑海中诞生了。

川上热心地开办了一家名为"山叶"的音乐教室，以推广音乐教育，先后接收的学生多达数百万名。实际上，音乐教室只是山叶音乐振兴会的一部分，而川上投入了二十多亿日元的资金来支持这项教育事业。

山叶音乐教室分为长笛班、电子合成器班、特殊人才训练班等，而且从幼儿班到妈妈班全部包括。音乐教室配备了最好的老师和最好的教材，师资力量相当雄厚。支持这项教育事业，看上去是一件相当亏本的事情，但川上一直表现出浓厚的兴趣，不断为其注入资金，并且声明开办这个教室纯粹是为了支持音乐教育事业，不带有任何商业色彩。

那么，事实真的如此吗？

实际上，虽然早已禁止授课教师在课堂上进行任何关于山叶乐器的宣传，但在授课教师的协助下，学员的大名单已经送到了山叶音乐振兴会的手中，这些学员就成了山叶乐器推销员的主要推销对象。而且，课堂教程是由音乐振兴会制定的，如果不使用山叶的电子琴，就无法弹奏出来。加上班级层次越高，学员的水平也越高，要想更好地演奏该级别的音乐，必须使用山叶乐器。综上所述，推行音乐教育其实对山叶音乐振兴会大有裨益。

面对激烈的竞争，川上源没有硬拼，而是"明修栈道，暗度陈仓"，在音乐教室的掩护下，成功麻痹了对手，暗中让山叶音乐振兴会取得了成功。当他的对手明白过来的时候，山叶乐器早已在市场上站稳了脚跟。

【点评】

"暗度陈仓"与"声东击西"有异曲同工之妙：都要有迷惑敌人、隐蔽进攻的作用。不同之处在于：声东击西隐蔽的是攻击点，而暗度陈仓隐蔽的是进攻路线。

在此计中，明修栈道是故意做给敌人看，掩人耳目，以吸引和牵制敌人的主力，而暗度陈仓才是真实意图。只有一"明"一"暗"配合得当，才能保证行动的成功。

当我方正面进攻不便，又另有可"度"之路的情况下，就可以使用此计。

在现代商业经营活动中，暗度陈仓常常表现为制造假象，迷惑对手或消费者，使其购买本企业的产品，或者要求本企业为其提供服务，从而巧妙地达到占领市场的目的。

名家论《三十六计》

"奇出于正，无正不能出奇。不明修栈道，则不能暗度陈仓。"这里所谓"正"，指的是兵法中的常规原则；所谓"奇"，指的是与常规原则相对而言的灵活用兵之法。古人认为，只有活用"奇"与"正"，明修栈道与暗度陈仓相结合，才能收到以迂为直、出其不意的效果。

根据这句话的意思，我总结出了暗度陈仓的三大特征：

1. 以正为明。大张旗鼓，让敌人知道，按照通常的战术原则和常规思路在正面战场作战，摆出我方要打堂堂之阵的态势；

2. 以奇为暗。暗中根据战场情况，运用计谋攻其不备，出其不意打击敌人；

3. 以明隐暗。一明一暗两套办法同时使用，明的一套大张旗鼓，让敌人知道；暗的一套，"藏于九地之下"，让敌人无从发现。

……

在现代信息战争中，由于科技的高度发达，一切都在监视之中，暗度陈仓是不是根本就不可能实施了？就算还可以用这一计，如果本来计划好好的，但是却在"暗度"时被敌人发现了，又该怎么办呢？

这的确是一个值得注意和需要回答的问题。在现代战争中，各种侦察监视手段越来越先进，战争的"迷雾"已经越来越清晰，暗度陈仓计谋使用的条件也发生了很大的变化。但是任何先进的武器总会有漏洞，也会存在弱点，比如先进雷达探测范围也有盲区、盲点，侦察卫星的侦察时间也有空白时段，并且也可以被击毁。而现代隐形技术已经有很大发展，比如各种隐形飞机、隐形战舰层出不穷。因此暗度陈仓这一计谋在现代条件下仍可被施用，只是更加需要现代伪装、更加强调信息干扰了。

至于在"暗度"时，被敌人发现了怎么办？通常有两种办法：第一种是快速通过，减少损失。现代战争是以快打慢，要求迅速达成战役目的，这样即使敌人发现了，但已经晚了。第二种是将计就计，明修栈道与暗度陈仓是相互配合的。如果暗度陈仓时被敌人发现了，可以以奇为正，以正为奇，这样敌人不能确定哪一个是我的主攻方向，还是会上当受骗。

（由上可知）暗度陈仓的思想核心是出奇制胜、反常用兵，这是兵家利用人们的思维定式而施用的计谋，常常能收到出乎意料的战果。古代名将韩信就是将这一计谋用到出神入化的地步，才赢得了"韩信将兵，多多益善"的美誉。另外，暗度陈仓这一计谋不但韩信本人曾经使用过，古今中外有很多战争也都采用过。

——薛国安

第九计　隔岸观火

【原文】

阳乖序乱①，阴以待逆②。暴戾恣睢③，其势自毙。顺以动豫，豫顺以动④。

【注释】

①乖：违背，抵触，这里是分崩离析的意思。

②逆：叛逆。

③暴戾恣睢：这里指横暴凶残，互相仇杀。戾，凶暴、凶狠。恣睢，任意妄为。

④顺以动豫，豫顺以动：语出《易经·豫》："象曰：豫，刚应而志行，顺以动，豫。豫，顺以动。"意思是，顺任事物自然发展，自然于我有所得；若想必有所得，就必须顺任事物自然发展。这里指采取顺应的态度，不要逼迫敌人，让其自相残杀，我方再乘机取利。

【译文】

当敌方内部矛盾激化，甚至明显表现出分崩离析之势时，我方应

423

暗中静观其变，等待敌方形势进一步恶化。敌人横暴凶残，互相仇杀，势必自取灭亡。我方应采取顺其自然的态度，相机行事，坐收渔翁之利。

【计名讲解】

此计名最初见于唐代僧人乾康的诗："隔岸红尘忙似火，当轩青嶂冷如冰。"本义为在河的这边看对岸失火；比喻在别人出现危难时袖手旁观，以便从中取利。敌方自相残杀之际，却是我方渔翁得利之时，此时静观其变，顺势取利，实乃明智之举。

古人按语：乖气浮张，逼则受击，退而远之，则乱自起。昔袁尚、袁熙奔辽东，众尚有数千骑。初，辽东太守公孙康恃远不服。及曹操破乌丸，或说曹遂征之，尚兄弟可擒也。操曰："吾方使康斩送尚、熙首来，不烦兵矣！"九月，操引兵自柳城还，康即斩尚、熙，传其首。诸将问其故，操曰："彼素畏尚等，吾急之，则并力；缓之，则相图。其势然也。"

以上按语意思是：敌人内部矛盾加剧，这时如果我方前去攻击，反而会促使它内部团结起来，对我进行攻击。如果我们不逼迫的太急，暂时停止进攻，敌人内部就会发生叛乱。当年，袁尚、袁熙带领数千人马逃向辽东。起初，辽东太守公孙康仗着自己所处偏远，不肯服从曹操。当曹操击破乌桓以后，有人劝说曹操乘胜远征公孙康，袁尚、袁熙兄弟也可一并气擒获。曹操说："我正叫公孙康送袁尚、袁熙兄弟的人头来，用不着劳师远征了。"九月，曹操率领大军从柳城撤回，公孙康立即杀了袁尚、袁熙两兄弟，并把他们的人头送来。

诸将领不明白为什么会这样，向曹操请教原因。曹操说："公孙康一向惧怕袁尚、袁熙等人，如果我们急着进攻，他们定然会合力抵抗；如果我们暂时放缓一下攻势，他们就会自相火并。这种形势的发展是很自然的事情。"

● 隔岸观火

当敌人内部矛盾激化时，我方应静观其变，等待敌方发生内乱。敌人自相仇杀，势必自取灭亡。这就是以柔顺的手段坐等愉快的结果。此计运用顺时以动的哲理，利用敌人的内乱，我不急于采取攻逼手段，等到时机成熟我即坐收其利，一举成功。

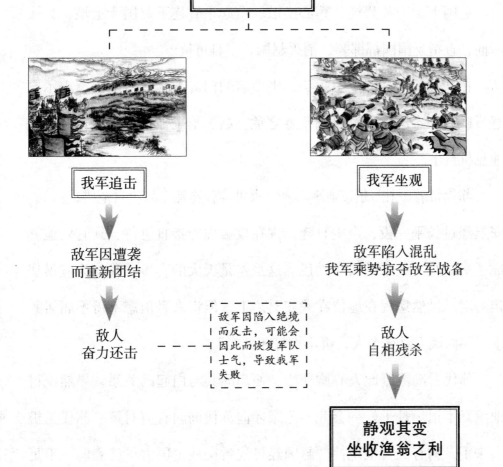

敌人出现内乱

| 我军追击 | 我军坐观 |

敌军因遭袭
而重新团结

敌军陷入混乱
我军乘势掠夺敌军战备

敌人
奋力还击

敌军因陷入绝境
而反击，可能会
因此而恢复军队
士气，导致我军
失败

敌人
自相残杀

**静观其变
坐收渔翁之利**

实用谋略

苏代巧言退敌

战国末年，秦将武安君白起攻打赵国，长平之战全歼赵军四十万，并将降卒尽数坑杀，只有少部分人逃回去报信。

赵国上下一片恐慌，军心涣散。白起乘胜连下赵国十七城，兵锋所向，直指赵国国都邯郸，消灭赵国，指日可待。

在这生死存亡的危急关头，平原君的门客苏代挺身而出，表示愿意冒险赶往秦国，以解赵国倒悬之危。赵王给了他很多金银珠宝，让他见机行事。

苏代带着厚礼，星夜赶到咸阳，求见应侯范雎。苏代对范雎说："武安君经过长平一役，声望日隆，现在攻破邯郸指日可待，到时候他就成了秦国统一天下的头号功臣。这虽然是天大的喜事，我却为应侯您担心啊。虽然您现在地位在武安君之上，但将来恐怕您不得不屈居其下了。而武安君这个人，可不太好相处。"

苏代看准范雎此人心胸狭隘，便离间其与白起的关系，果然说得他沉默不语。过了好一会儿，范雎才向苏代询问有何对策。苏代见机会来了，胸有成竹地说："赵国经过连番交战，国力早已衰弱，不足为惧，应侯何不趁此机会劝秦王暂时罢兵议和。这样一来就能名正言顺地剥夺武安君的兵权，您的地位也就稳如泰山了。"

范雎听了，立即进宫面见秦王，对秦王说："秦兵长期在外征战，劳苦日久，急需修整，不如暂时宣谕息兵，允许赵国割地求和。"秦王向来对范雎言听计从，结果，秦、赵两国议和，赵国献出六城，终于获得了喘息之机。

白起眼看就能建立不世之功，却突然被召班师，心中恼怒不已，后来听说是应侯范雎的建议，即使知道对方这么做的目的，但也无可奈何。

两年后，秦王撕毁和议，再次发兵攻赵。当时白起身患疾病，于是秦王派王陵统帅十万大军前往。赵王这次起用了老将廉颇，抵御秦军进攻。廉颇善于防守，稳扎稳打，秦军久攻不下。秦王大怒，命白起挂帅出征，白起却称病不出。秦王派王陵围攻邯郸，但始终没有进展。

秦王无奈，只好再次下令白起挂帅。白起自言病重，拒不受命。秦王怒不可遏，立即削去白起官职，将他赶出咸阳。

范雎见白起这个老对头失势，趁机向秦王进言，最终促使秦王将白起赐死。

当初白起攻打赵国时，秦国上下一心，但是苏代入秦，巧妙地点燃了范雎的妒忌之火，引起了秦国内乱，以致文武失和，赵国隔岸观火，免遭覆亡。

曹操隔岸观火除二袁

官渡之战后，袁绍兵败身亡，他的两个儿子为了争夺权力不断争斗，曹操趁火打劫，袁氏兄弟大败后只得投奔乌桓。曹操继续进兵，击败了乌桓。袁氏兄弟只得带领几千人马投奔了辽东太守公孙康。

这时，曹营诸将建议曹操乘胜远征，一鼓作气平定辽东，擒拿袁氏兄弟。曹操却说："你们少安毋躁，公孙康自会杀了袁氏兄弟，然后将他们的首级送上门来，我们用不着劳师远征。"众人听了，认为曹操是在开玩笑，心里都不以为然。

曹操只管下令班师，转回许昌，静观辽东局势。

到了九月，公孙康果然杀了袁氏兄弟，并派人向曹操送来他们的人头和一封降书。众将非常惊讶，于是询问曹操其中的道理。曹操笑着说："袁家父子向来有夺取辽东的野心，现在二袁兵败，如丧家之犬，投奔辽东实为迫不得已。而公孙康向来害怕袁氏兄弟吞并他，如今二袁上门投靠，他心存疑虑，相互间必生猜疑之心。若我当时从外部用兵急攻，他们必然会暂时放下仇怨而联合起来对付我。倘若我远远地回避，他们就会自相残杀，而我尽可以坐收渔翁之利了。"大家听了，对曹操佩服不已。

事实也正如曹操所猜测的那样，公孙康担心收留二袁后会留下后患，而且还会得罪势力强大的曹操。但他又考虑到，如果曹操趁势攻打辽东，自己势单力薄，无法阻挡，因此不得不拉拢二袁，以共同抵御曹操。所以，当公孙康探听到曹操已经班师转回许昌的消息后，认为曹操并无进攻辽东之意，便觉得袁氏兄弟没有利用价值了。于是设下伏兵，然后召见二袁，突然将其擒获，割下他们的首级，并立即派人把首级和降书送到曹操营中。

曹操一招"隔岸观火"，不费吹灰之力便得了二袁首级，又得了公孙康的降书，可谓一举两得。曹操能成功运用此计，源于他对当时局势的正确分析和判断。

秦国隔岸观火坐收渔利

打仗是为了争夺利益，什么时候打，什么时候停，怎样打，和谁打，都应该以"利益"为中心。若出战不能为自己带来利益或不能为自己带来那么多利益，那就不如按兵不动，隔岸观火，待时机成熟再展开行动。

战国时期，韩国和魏国打仗，打了整整一年，都没打出个结果来。远远关注着这场战争的秦惠王打算要它们停止战争，于是向大臣们征询意见："我想使韩魏两国休兵，大家觉得怎么样？"

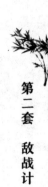

有的大臣表示支持，认为从道义上说，秦国帮助韩魏解决纷争是件好事。有的大臣则表示反对，理由是别的国家打仗，和秦国没有关系，秦国没必要趟这湾浑水。就在大家争论不休的时候，一个名叫陈轸的楚国客卿说话了："大王想统一天下吗？"

秦惠王答："当然想。"陈轸听了，要求给秦惠王讲个故事。秦惠王答应了。

"春秋时期，鲁国有个武艺高强的人名叫卞庄子。一天，卞庄子到一个地方住宿，听说当地有两只老虎常跑出来伤害家禽，还咬伤、咬死过人。卞庄子便决心为民除害，带了把闪着寒光的青铜剑去山上刺虎。

"卞庄子所在的旅店有个小伙子也跟着卞庄子一起去刺虎。两人来到一个山谷里，看到一大一小两只老虎正在吃一头牛。卞庄子拔了剑就要往前冲，小伙子却拦住了他，说：'这两头虎正吃牛吃得起劲，吃到后面，一定会发生争夺，一争夺就会相互撕咬。小的会被大的咬死，大的会被小的咬伤。这时你再冲上去。对付一只受伤的老虎不比同时对付两只健壮的老虎要省力得多吗？'

"卞庄子认为此计甚妙，就和小伙子一起藏进了附近的树林。过了一会儿，两头虎果然争斗起来。大者伤，小者死。卞庄子跳出来刺死了受伤的大虎，一下子得到了杀掉两头老虎的名声。"

陈轸的故事讲完了，秦惠王似有所悟。陈轸接着说："如今韩魏交战，打了一年还没有打完，势必大国损伤，小国危亡。到时您讨伐受伤的

大国，一定可以一举两得。"

秦惠王采纳了陈轸的意见，一直等到魏国受了重创，韩国被打得破败不堪的时候，秦国才派大兵袭击这两个国家。隔岸观火的策略让秦惠王不费吹灰之力就从韩魏手中夺走好几座城池。

商业案例

保险公司隔岸观火挖人才

"隔岸观火"与"坐山观虎斗"的意思相近，使用的正确方法是按兵不动，让对手互相残杀，力量削弱，甚至自行瓦解；而当对手发生矛盾冲突、内讧火并之际，却也正是鹬蚌相争、渔翁得利之时。因此，静观其变，从中取利，确实不失为明智之举。

在保险业领域，A 保险公司的分区经理李经理在业内享有较高的名声，他每年签下的优质车险、财产险及意外险业务总金额在 3600 万元以上，各家保险公司均希望得到这个"宝贝"。

A 保险公司的老总很赏识李经理，同时他也怕失去这个人才，因此对李经理非常重视，也非常尊重，而对于李经理提出的各种需求，他都尽可能予以满足。所以，尽管别的保险公司为李经理开出了更加优越的条件，但李经理从未考虑过跳槽的问题。

2010年2月，A公司的人事发生很大变动，原先的老总调到其他省分公司任职。而新到任的老总性格倔强，而且刚愎自用，喜欢听下属的吹捧，而容不得别人犯错误。李经理向来只知道埋头苦干，不懂得溜须拍马，说话也比较耿直，因此没有得到新老总的信任和赏识。

B保险公司一直希望得到李经理这样的人才，也几次向李经理抛出橄榄枝，但是均没有成功。但这一次，B公司敏锐地感觉到，他们的机会来了。于是，该公司开始密切地留意着李经理与新老总之间的关系。终于有一天，两人的矛盾爆发了。

原来，因为新老总对李经理的忽视以及对李经理拓展的一个大项目上没有给予足够的支持，李经理在与其他同事交流的时候流露出了不满的情绪，结果让新老总的一位亲信听到了，新老总很快听到了这个消息。

新老总把李经理叫到办公室，然后对他狠狠地批评了一顿，并且还当面辱骂了李经理。李经理再也无法容忍，当面顶撞了新老总几句，并愤怒地拍了桌子，一怒而去。

B保险公司第一时间得到这个消息，于是，该公司的总经理让人打电话邀请李经理在当天晚上参加一个聚会。席间，B公司的总经理故意装作不知道这件事，并与李经理以兄弟相称，只谈感情不谈工作。酒过三巡之后，李经理终于吐露心中不快。B公司的总经理当即表示愿意以更高的职务与薪酬邀请李经理加盟到自己的公司之中，同时承诺将在展业方面给李经理以更大的权限及相关支持。巨大的心理落差让李经理此次欣然接受了B公司的邀请。第二天，李经理向A保险公司递交了辞职信，成为B保险公司的得力干将。

在这个案例中，B保险公司使用了"隔岸观火"的策略，成功地将李经理招致麾下。

【点评】

隔岸观火，就是"坐山观虎斗"。俗话说，见蛇不打三分罪，见火不救七分过。但是在战场上，当敌人陷入内部分裂，互相倾轧的处境的时候，也正是我方坐收渔翁之利的绝佳时机。不过，施行此计不可操之过急，以免反过来促成敌人暂时联手，共同对付我方。正确的做法是静观其变，让几股敌人互相残杀，等其力量大幅度削弱，甚至自行瓦解后再见机行事。

要想使用此计，必须有两个先决条件：一是有"火"可"观"，即敌人出现混乱的局面；二是有"岸"可"隔"，否则将会面临极大的风险。

第十计　笑里藏刀

【原文】

信而安之[①]，阴以图之；备而后动，勿使有变。刚中柔外也[②]。

【注释】

①信：使相信。安：使安心，这里指不生疑心。

②刚中柔外：这里是内藏杀机、外示柔和之意。

【译文】

设法使敌人相信我方是善意友好的，从而不生疑心，放松警惕；我方则暗中策划，积极准备，相机而后动，决不可让敌人有所察觉而采取应变措施。这是一种内藏杀机而外示柔和的谋略。

【计名讲解】

此计名可追溯到唐代大诗人白居易的《劝酒》诗："且灭嗔中火，

休磨笑里刀。不如来饮酒，稳卧醉陶陶。"

笑里藏刀，原意是形容外表和善而内心狠毒。与"口蜜腹剑"、"两面三刀"含义相同。此计用在军事上，是一种表面友善而内藏杀机的谋略，即运用政治、外交上的伪装手段，欺骗、麻痹对方，以掩盖己方的行动。

古人的按语说，兵书云："辞卑而益备者，进也；辞强而进驱者，退也；轻车先出居其侧者，陈也；无约而请和者，谋也；奔走而陈兵车者，期也；半进半退者，诱也。"故：凡敌人之巧言令色，皆杀机之外露也。宋曹玮知渭州，号令明肃，西人惮之。一日，方召诸将饮，会有叛卒数千，亡奔夏境。堠骑报至，诸将相顾失色，公言笑如平时。徐谓骑曰："吾命也，汝勿显言！"西人闻之，以为袭之，尽杀之。此临机应变之用也。

这段按语的意思是："《孙子兵法》中说：'敌方使者言词谦卑而暗中加紧战备的，是要向我发起进攻；敌方使者言辞强硬而敌军又向我驱驰进逼的，是在准备撤退；敌人先出动轻型战车并且部署在侧翼的，是在布列阵势；敌人没有事先约定就突然来请和的，其中必定有阴谋；敌人（频繁调动）往来奔走，并且已经摆开兵车列阵的，是想要与我军交战；敌军半进半退（往复徘徊）的，是想要引诱我军上前。'所以，凡是敌人的花言巧语，都是使用阴谋诡计的表现。宋代时，曹玮任渭州州牧的时候，他的军纪严明，西夏人十分惧怕他。有一天，曹玮正与属下饮酒，突然有数千名士兵发动叛乱，逃到了西夏。当探子前来报告时，将官们听了都面面相

觑，十分惊恐。而曹玮却谈笑自如，好像什么都没有发生一样。这时，他站起身来，对身边的将官说：'请别声张，他们都是遵照我的命令行事的！'西夏人听到这话，还以为前来投奔的宋军士兵是假投降，于是立刻把他们处决了。这正是曹玮随机应变在谋略上的运用。"

● 笑里藏刀

原指表面和气，内心阴险，口蜜腹剑的两面派。《旧唐书·李义府传》："义府貌状温恭，与人语必嬉怡微笑，而褊忌阴贼。既处要权，欲人附己，微忤意者，辄加倾陷。故时人言义府笑中有刀。"军事上，一般指通过政治外交上的伪装手段，欺骗麻痹对方，以掩盖己方的军事行动。

我军以友好的态度示敌

壹 诱使敌人懈怠

贰 我军暗中谋划伺机而动

待敌军松懈一举歼灭

公孙鞅轻取崤山

"笑里藏刀"是一种表面友善而暗藏杀机的谋略，它是运用外交上的伪装手段，欺骗和麻痹对方，来掩盖己方的军事行动。公孙鞅智取崤山，便是成功地运用了一招"笑里藏刀"。

公孙鞅，战国时卫国人，又名卫鞅、商鞅。他应秦孝公求贤令入秦，主持变法二十余年，使秦国强大起来，实力凌驾于六国之上。

黄河、崤山一带地势险要，秦国要对外扩张，必须夺取这一地区。当时，这一地区是魏国的领土。秦王派公孙鞅为大将，率兵攻打魏国。

公孙鞅领命出发，大军直抵魏国的吴城城下。吴城当年是魏国名将吴起苦心经营之地，吴起在此构筑了坚固的工事，加上此处地势险要，秦军正面强攻恐怕是劳而无功。

正在公孙鞅为攻城之策苦苦思索时，他派出去的人打探到魏国守将是公子卬，公子卬与公孙鞅曾经有过交往。公孙鞅心中大喜，觉得可以从这一点下手，于是马上修书一封，主动与公子卬套近乎。

信中说，虽然你我二人现在各为其主，但鉴于过去的交情，罢兵议和方为上策。字里行间无不流露出对昔日友谊的怀念。公孙鞅还在信中建议约定一个时间商谈议和之事。

就在这封信送出的同时，公孙鞅命令秦军前锋立即撤回，摆出主动撤兵的姿态。

公子卬看到来信，又得知秦军退兵的消息，非常高兴，立即给公孙鞅回了信，约定了会谈日期。公孙鞅见公子卬已经完全相信了自己，于是下令在约定的会谈地点暗中设下埋伏。

会谈当天，公子卬只带了三百名随从前往约定地点，见公孙鞅的随从更少，而且全都没有携带兵器，心中更是对对方的诚意深信不疑。

会谈开始后，气氛友好而融洽。公孙鞅和公子卬重叙旧谊，借此表达与对方交好的诚意。然后公孙鞅设宴款待公子卬，公子卬欣然入席。谁知还不等坐定，忽听公孙鞅一声号令，四周突然杀出重重伏兵将魏兵包围，公子卬和三百随从事先毫无准备，还没来得及作出反应，便全部被生擒活捉。

随后，公孙鞅从被俘的随从中挑选了几个人，让他们前去诈开吴城城门，自己领兵紧跟其后，迅速占领吴城。魏国无奈之下，只得向秦求和，主动割让西河一带。

公孙鞅用"笑里藏刀"之计轻轻松松就帮助秦国夺下了崤山地区。

口蜜腹剑

"笑里藏刀"不只是一种作战计谋，也是为人处世的一种策略。不过，这一策略通常含有贬义，我们常把笑里藏刀的人看作是奸邪之徒，如唐朝的奸相李林甫，便是笑里藏刀之人的典型代表。

李林甫出身于李唐宗室，是唐高祖堂弟长平王叔良的曾孙。从辈分来讲，他还是唐玄宗李隆基的远房叔父。此人品行和声望素来不高，但因为善音律，懂才艺，加上善于谄媚逢迎，因此从最初负责宫廷宿卫、仪仗的低级官吏，逐步爬上了宰相的高位。

李林甫在与人接触时，总是做出一副平易近人的样子，口中总是有无数的甜言蜜语。据《旧唐书》记载，他"貌状温恭，与人语必嬉怡微笑"，只看他那和蔼可亲的笑容，不少人都会以为他是一位忠臣。

实际上，李林甫肚子里却藏着毒剑，随时准备暗中伤人。正如北宋史学家司马光在《资治通鉴》中所描写的那样："李林甫为相，凡才望功业出己右，及为上所厚、势位将逼己者，必百计去之。尤忌文学之士，或阳与之善，啖以甘言，而阴陷之。世谓李林甫'口有蜜，腹有剑'。"意思是：李林甫当上宰相后，对于朝中百官，凡是才能和功业在自己之上而受到玄宗宠信或官位快要超过自己的，一定要想

方设法除去，尤其忌恨由文学才能而进官的士人。有时表面上装出友好的样子，说些动听的话，而暗中却阴谋陷害。所以世人都称李林甫"口有蜜，腹有剑"。

李林甫开始受宠的时候，与他同任宰相的还有张九龄。张九龄贤明能干，清正廉明，素有政绩，声望极高。李林甫对他嫉妒得要命，生怕自己被张九龄比下去了而失宠，所以想方设法排挤张九龄。加上张九龄为人正直，对李林甫的所作所为非常鄙视，根本不把他放在眼里，这自然令李林甫恼恨万分，急欲除之而后快。但张九龄大权在握，李林甫只能表面上处处讨好他。

当时，玄宗最宠爱武惠妃。武惠妃所生的寿王和盛王也特别受宠，而太子却逐渐被皇帝疏远了。

但武惠妃并不满足，她想让自己的儿子当上太子，于是在玄宗面前诬告太子结党营私，图谋不轨。李林甫也跟着在皇帝面前煽风点火，说太子有怨言。玄宗大怒之下，就想立刻废掉太子。

但废太子是一件非常重大的事情，必须征询百官的意见。皇帝于是召来当朝几位宰相，询问他们的意见。张九龄认为此事非同小可，太子为国家之本，又是由皇帝亲自教养，并无大的过失，所谓的谋反之事证据不足，不可因为皇帝的喜怒而废掉太子。

李林甫当时也在场，但从头到尾都一言不发。背地里，他却在玄宗宠信的宦官们面前说："皇家的事，何须别人插手。"言外之意就是说张九龄多管闲事，手伸得太长。

李林甫心里很清楚，要不了多久，这些话就会传到玄宗的耳朵里。

正如他所料，玄宗听了之后，也觉得张九龄太专断。他和李林甫谈起此事，李林甫趁机在玄宗面前说了许多关于张九龄的坏话。

公元736年，唐玄宗想要加封朔方节度使牛仙客。张九龄认为，牛仙客不过是一个庸人，他在任上所做的都是分内工作，可以适当赏赐，却不应加封，还约李林甫一起进宫劝谏玄宗。李林甫慷慨激昂，当面表示赞同，进见时却一直默默无语，回来后还私自把此事告诉了牛仙客。

第二天，牛仙客面见玄宗，泪流满面地表示自己要放弃官爵。玄宗仍想加封牛仙客，张九龄据理力争。玄宗非常恼火，质问张九龄："什么事情都要听你的吗？"张九龄表示这是自己的分内之事，而且牛仙客出身小吏，目不识丁，将这样一个人拔擢为宰相根本不合适。

李林甫瞅准时间，向玄宗进言："天子用人，有何不可？张九龄不过是区区一介文官，却泥古不化，不识大体，根本成不了大器。"玄宗听了，更加不喜欢张九龄，渐渐疏远了他。

张九龄与中书侍郎严挺之是好友。严挺之前妻离婚后嫁给了蔚州刺史王元琰。恰好王元琰被指控贪赃枉法，玄宗将此案交给严挺之等审查，严挺之替王元琰脱了罪。李林甫把这个消息秘密地告诉了唐玄宗，玄宗认为严挺之包庇王元琰，打算严厉追究。张九龄极力替严挺之辩护，却不知道自己正中了李林甫的奸计。玄宗把以前积累的猜疑与此事联系起来，认为张九龄结党营私，最后罢免了他的宰相职务。李林甫成功地独揽了唐朝大权。

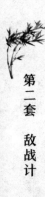

杨廷和计除江彬

明武宗朱厚照虽然天资聪颖，但是性好玩乐，纵情于声色犬马，不理朝政，先后宠信大宦官刘瑾、奸臣江彬，幸亏朝中尚有一批能干的大臣支撑。

明武宗死后不久，内阁大学士杨廷和负责主持朝廷大事。他在入宫禀告过皇太后的情况下，以武宗遗诏的名义，撤销了威武团练诸营，并将所有受命入卫京师的边兵都遣归原地。为了安抚军心，众将士均得到了厚赏。

当时江彬正担任兵马提督，忙于改组团营，没有时间入宫，因此没有在第一时间得到武宗的死讯。他接到遗诏，当得知要罢团营、遣边兵时，不由大惊失色，赶紧招来心腹商议对策。

其中就有人建议，现在皇帝刚刚归天，朝政不稳，不如趁此机会起兵造反。江彬其实早就心怀异志，恨不能早成大事。但谋朝篡位毕竟非同小可，一旦事败，不仅身首异处，还要株连九族。为了谨慎起见，他派安边伯许泰入宫打探消息，等摸清楚宫内外的情况后再作打算。

杨廷和见许泰前来，知道这是"来者不善，善者不来"，脸上不动声色，心中却已经有了计较。寒暄过后，杨廷和微笑着对许泰说："许伯爵来得正好，大行皇帝突然晏驾，诸事忙乱，头绪繁杂，我等正为此苦恼，本欲请诸公前来协助办理，偏偏遗诏上清清楚楚地写着'罢团营，遣边兵'。而要妥善处理这些事宜，必须仰仗江提督，故而一时没有奉请，还望见谅。"

许泰见杨廷和所言有理，又态度谦和，便打消了心中的疑虑，回去向江彬复命。

许泰前脚刚走，杨廷和立即唤来志同道合的幕僚，一番密谈之后，决定伺机捉拿江彬。随后杨廷和命手下的魏彬立即入宫，将此事秘密禀报给皇太后，太后当场允准了这一计划。

之后，杨廷和又与江彬会了一次面，向他详细述说了内阁的情形，而且言辞谦恭，此举使得江彬更加安心不疑。

又过了一天，江彬带着几名贴身卫士入宫。等候在门口的魏彬一见江彬到来，立刻迎上前，说："坤宁宫刚刚落成，昨日太后颁下懿旨，命朝中大员及工部官员致祭，江公你来的正是时候。"

江彬一听，欢喜不已，赶紧换了一身衣服入宫致祭。祭祀完毕，江彬在往外走的时候遇到了杨廷和的心腹张永。张永亲热地跟江彬打招呼，随即又邀请他一同宴饮。

酒过数巡，太后懿旨忽至，命令逮捕江彬。江彬接旨时惊慌不已，当场推案而起，翻身上马想要离去。但此时城门早已关闭，无路可逃的江彬被官兵当场拿下。

面对政局不稳、危机四伏，奸臣随时可能起兵作乱的情形，杨廷和外松内紧，用"笑里藏刀"之计使江彬丧失了应有的警觉，最后不得不乖乖束手就擒。

【点评】

"笑里藏刀"之计的关键在于一个"笑"字。笑必须拿捏好分寸，表现得真实自然，千万不可将隐藏其中的"刀"露出来。否则，笑得做作或过火，反而会引起对方的怀疑和警觉。笑只是手段，真正的杀招是藏在笑容中的刀。至于出刀的方式，则视情况而定，但必须迅速果断，使敌人应变不及。

两方相较，敌人相对强大而我方相对较弱，敌我的矛盾尚未明朗时，适宜运用此计。要注意针对敌方指挥者的不同特点来实施：对于骄傲自大的，要助长其骄横之气；对于胆小怯懦的，要示以诚意，使其放松警惕。我方则暗中做好准备，等待时机。

孔子曰："巧言令色，鲜矣仁。"无论是在战场上，还是在日常生活中，都要谨防笑面虎，万不可为笑容所迷惑，而忽视了其隐藏在背后的祸心。

第十一计　李代桃僵

【原文】

势必有损，损阴以益阳①。

【注释】

①损阴以益阳：这里是指以暂时的、局部的牺牲为代价，来换取长远的、全局的胜利。阴，这里指局部。阳，这里指全局。

【译文】

当局势发展到必然会有所损失的时候，就应该牺牲局部来换取全局的胜利。

【计名讲解】

此计名出自《乐府诗集·鸡鸣》："桃生露井上，李树生桃旁。虫来啮桃根，李树代桃僵。树木身相代，兄弟还相忘？"本义是指李树代替桃树受虫蛀。这里比喻兄弟之间的关系，就如桃李共患难一般，要互助互爱。

此计作为计谋，是指在双方势均力敌，或敌优我劣等很难获取全胜的情况下，用较小的代价或牺牲，换取大的胜利，是一种舍小保大的谋略，类似于象棋比赛中"弃车保帅"的战术。

两军对峙，敌优我劣或势均力敌的情况是很多的。如果指挥者主观指导正确，常可变劣势为优势。孙膑赛马的故事为大家所熟知，孙膑在田忌的马总体上不如对方的情况下，使田忌仍以二比一获胜。但是，运用此法也不可生搬硬套。战国时齐魏桂陵之战，魏军左军最强，中军次之，右军最弱。齐将田忌准备按孙膑赛马之计如法炮制，孙膑却认为不可。他说，这次作战不是争个两胜一负的结果，而应大量消灭敌人。于是用下军对敌人最强的左军，以中军对势均力敌的中军，以力量最强的部队迅速消灭敌人最弱的右军。齐军虽有局部失利，但敌方左军、中军已被钳制住，右军很快败退。田忌旋即指挥己方上军乘胜与中军会合，力克敌方中军。得手后，三军合击，一起攻破敌方最强的左军。这样，齐军在全局上形成了优势，终于取胜。

古人的按语说："我敌之情，各有长短。战争之事，难得全胜，而胜负之诀，即在长短之相较，乃有以短胜长之秘诀。如'以下驷敌上驷，以上驷敌中驷，以中驷敌下驷'之类，则诚兵家独具之诡谋，非常理之可推测者也。"意思是：敌我双方的情况互有短长。战争中企图在各个方面压倒敌人，这实在难以做到。战争的胜败，取决于双方力量的对比，通常是占有优势的一方能够获得胜利。但是，为使我方取得优势地位，应当运用以劣胜优的诀窍。就像战国时孙膑向田忌献计一样，"用下等马对对方的上等马，以上等马对对方的中等马，以中等马对对方的下等马"。

● 李代桃僵

> 原喻指兄弟之间互相爱护互相帮助，后用来比喻互相顶替或代人受过。出自南宋郭茂倩《乐府诗集·鸡鸣》。此计用在军事上，指在敌我双方势均力敌，或者敌优我劣的情况下，用小的代价，换取大的胜利的谋略。

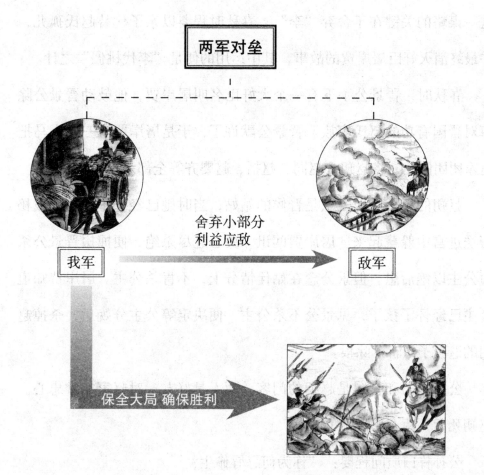

两军对垒

我军 —— 舍弃小部分利益应敌 —— 敌军

保全大局 确保胜利

赵氏孤儿

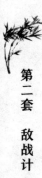

李代桃僵，指的是面对困难时，以小的代价换取大的胜利的谋略。这一谋略的关键在于舍弃"李"。春秋时程婴以亲子代替赵氏孤儿，并最终消灭奸臣屠岸贾的故事，其中运用的便是"李代桃僵"之计。

春秋时，晋景公手下有一个大奸臣名叫屠岸贾，他鼓动晋景公除掉对晋国有功的赵氏家族。晋景公默许了，于是屠岸贾率三千人马把赵家团团围住，将赵朔、赵同、赵括、赵婴齐等全部杀掉。

赵朔的妻子庄姬公主是晋候的姑姑，当时她已经怀了身孕，被秘密送进宫中躲藏起来。屠岸贾闻讯，决心赶尽杀绝，便撺掇晋景公杀掉公主以绝后患。但景公念在姑侄情分上，不肯杀公主。屠岸贾知道公主已经怀了孩子，见景公不杀公主，便决定等公主分娩后，杀掉赵朔的遗腹子以斩草除根。

公孙杵臼和程婴是赵朔的门客，两人是好友，对赵家非常忠心。赵朔死后，两人秘密见了面。

公孙杵臼质问程婴："你为何忍辱偷生？"

程婴说："赵朔的妻子已经怀了赵家的骨血，如果生下来的是个男孩，我就把他抚养成人，让他去报仇雪恨；如果生下来的是个女孩，我就彻底失望了，到时只好以死来报答赵氏的知遇之恩。”

不久，庄姬公主分娩，在宫中生下了一个男婴。屠岸贾听说后，亲自带兵到宫中进行搜索，而公主将婴儿藏在裤内，侥幸躲过了一劫。程婴派一个信任的人假扮医生，入宫给公主看病，在忠臣韩厥的协助下，趁机将婴儿装在药箱中偷偷带出宫外。

屠岸贾猜测婴儿是被偷送出宫了，于是立即悬赏缉拿。

眼看庄姬公主母子俩好不容易逃脱了这次劫难，程婴对公孙杵臼说：“虽然屠岸贾这次没有找到孩子，但他绝对不会善罢甘休。你觉得该怎么办？”

公孙杵臼没有回答，却问程婴：“抚育孤儿与死亡，哪件事更容易？”

程婴回答：“当然是死亡容易，抚育孤儿难。”

公孙杵臼说：“赵君生前对你最好。我不如你，只好请你去做最难的事情，我只能去做容易的事情，所以，让我先去死吧。”

两人商议过后，决定采用调包计：找一个男婴与赵氏遗孤对调，然后公孙杵臼带着这个婴儿逃到首阳山，程婴则故意去告密，让屠岸贾搜到假的赵氏遗孤，这样他才会停止搜捕，赵氏的嫡脉才能保全。

当时，程婴的妻子也恰好刚刚分娩，生下了一个男婴。程婴于是决定拿自己的儿子代替赵氏遗孤。程婴回家后，心中悲痛万分，因为他知道自己的孩子肯定会被屠岸贾杀死。但程婴还是用大义说服了妻子，然后含泪将自己尚在襁褓之中的儿子抱上，与公孙杵臼一齐逃到了首阳山中。程婴的妻子则带着赵氏孤儿往另一个方向逃走。

屠岸贾很快就知道了此事，迅速带兵赶到首阳山。程婴假装走投

无路，从山中出来，对屠岸贾说："程婴不肖，无法保全赵氏孤儿的性命。反正孩子免不了一死，如果屠岸贾将军付给我千金，我就把孩子的藏身之处告诉你。"

屠岸贾一心想要知道赵氏孤儿的下落，当场就答应了程婴的要求。在程婴的带领下，屠岸贾等人终于找到一间隐匿在山中的小茅屋，公孙杵臼就住在里面，屠岸贾还从屋中搜出了一个用锦被包裹着的男婴，想来这就是赵氏遗孤了。

公孙杵臼当着众人的面大骂程婴背信弃义，一边骂还一边佯装乞求："杀了我吧，孩子是无辜的，请放他一条生路。"

心狠手辣的屠岸贾一心想要斩草除根，当然不会答应，于是当场摔死了婴儿，杀了公孙杵臼。

程婴眼睁睁看着亲子和好友当场惨死，却只能按捺住满心的悲痛和愤恨，装出若无其事的样子。从此，程婴背负着忘恩负义、出卖朋友的"骂名"，忍受着世人的唾骂，带着赵氏孤儿逃往外地，隐居起来，将他抚养成人，并让他学会了一身本领。

十五年后，赵氏孤儿终于长大成人，他就是赵武。赵武知道了自己的身世后，立誓要向屠岸贾复仇，替赵家讨回这笔血债。后来，赵武与朝中韩厥里应外合，杀了奸臣屠岸贾，报了血海深仇。而公孙杵臼的忠烈之名和程婴的忠义精神也终于大白于天下。

程婴见赵氏大仇已报，自己不肯独享富贵，遂拔剑自刎。赵武为程婴服丧三年。而程婴与公孙杵臼合葬于一墓，他们被后人称为"二义"，其忠义英烈之名流传千古。

在对手的总体实力强于己方的情况下，采用"李代桃僵"的策略，可以变劣势为优势，从而战胜对手。

田完子舍身保全齐国

春秋末年，齐国国君姜氏的势力逐渐衰弱，大夫田成子取代姜氏独揽了齐国大权。但是，田成子上台名分不正，所以朝野上下及齐国内外都感到不服气。

怨气积累久了，总会有爆发的时候，何况有心人更不会放过这个机会。终于有一天，越国以田成子谋逆篡权为借口，派军队攻打齐国。

田成子得知这一消息后心慌意乱，赶紧召来幕僚商议对策。但是幕僚们的意见本身就存在很大分歧。

有的说："越国发兵来犯，欺人太甚。虽然我国军事力量弱小，但可以发动齐国上下共同抗敌。"

有的说："目前国内局势不稳，人心浮动，如果倾城而出，恐怕会怨声载道，难以服众。"

有的说："越国强大，大王您何不效仿其他国家，割让几个城池给越国，让他主动退兵，或可免动干戈。"

田成子想来想去，觉得上述建议都不是破敌良策，而他自己一时又拿不出好计策，因此陷入了苦恼之中。

正在这时，田成子的哥哥田完子为他献上一计，说："我想率领一批忠良之士出城迎敌，迎敌一定要真打，打了一定要战败，不仅是战败，而且一定要全部战死。请大王准许，因为只有如此，才能让越国退兵，从而保住齐国。"

田完子的话刚一说完，满座皆惊，田成子同样大惑不解，便追问："你为何要带一批忠良之士出城迎敌？"

田完子回答："王弟你刚刚拥有齐国，人心未定，百姓们并不知道你的治国之才，甚至有人对你恨得咬牙切齿，骂你是窃国大盗、无能之辈，所以在目前这种情况下，很难指望百姓们为你卖力。只有那些心中存有大义，认为齐国蒙受了耻辱的忠良之士，才愿意撇开私怨，冒死抵御外敌。"

田成子又问："即便如此，那为什么要做到战必败，败必死的程度呢？"

田完子答："越国也知道现在就吞并齐国是不可能的，所以此次出兵，目的无非是在各路诸侯面前要耍威风，顺便还能捞个'正义'的名声。我带忠良之士出兵迎敌，战败身死，这就是'以身殉国'。越国见自己杀死了大王的兄长，教训齐国的目的已经达到。同时也知道了齐国尚有这样一批慷慨赴死的勇士，必然心生畏惧，认为没必要为此次行动付出过高的代价。所以，越军在我们死后，一定会班师回国。"

田成子听了，为兄长的自我牺牲精神所感动，当场流下热泪。为了将齐国从危机中拯救出来，他不得不听从了兄长的建议。

果然不出田完子所料，越军在杀死了以田完子为首的一批忠良之士之后，旋即班师，齐国终于转危为安。

田完子反复权衡利弊，作出了以身殉国的决定，用"李代桃僵"的计策，将齐国从灾难中拯救了出来。

田忌赛马

战国时，齐威王和齐国的大将田忌都很喜欢赛马，因此两人经常在一起比赛。

两人约定的比赛方式是：把各自的马分成上、中、下三等，比赛时，上等马对上等马，中等马对中等马，下等马对下等马。齐威王是一国之君，他的马自然比田忌的马要强一些，所以每次比赛田忌都是三场连败，田忌因此输了不少钱。

有一次，田忌的好友孙膑也去看了比赛，结果自然又是田忌输了。田忌觉得很扫兴，正要垂头丧气地离开赛马场时，却听见有人叫自己的名字，抬头一看，原来是孙膑。

孙膑招呼田忌过来，然后拍了拍他的肩膀，说："我刚才看了赛马，才发现原来威王的马比你的马快不了多少呀。"

孙膑话还没说完，田忌就瞪了他一眼："没想到居然连你也来挖苦我。"

孙膑说："我没有挖苦你。你再同大王赛一次，我保准能让你赢他。"

田忌疑惑地看着孙膑，问："你是说另外换马比赛？"

孙膑摇摇头，说："一匹马也不用换。"

田忌一听，立刻泄了气，说："那还不是照样得输。"

孙膑胸有成竹地说："你按照我的安排去做，保准没问题。"

田忌知道孙膑足智多谋，虽然心中困惑不已，但还是决定听他的话。

齐威王之前屡战屡胜，正在得意扬扬之际，看见田忌在孙膑的陪同下迎面走来，便讥讽田忌说："怎么，难道你不服气，嫌输得不够，还想再来一次？"

田忌说："当然不服气，咱们再比一场！"还掏出一大堆银钱放在桌子上作为赌注。

齐威王见了，心里暗暗觉得好笑，不过田忌之前每次都是他的手下败将，现在居然主动把钱送上门，他自然也不会拒之门外，于是盼咐手下人把前几次赢的钱全部拿来，还追加了一千两黄金。然后满怀信心地说："现在就开始吧！"

随着一声锣响，比赛开始了。第一局，还是田忌输了，而且是以极大的差距输掉了这场比赛。齐威王兴奋地站起来说："想不到大名鼎鼎的孙膑先生，想出来的对策也不过如此。"孙膑并没有与齐威王做口舌之争，因为他自信能够挽回败局。

在接着进行的第二场比赛中，田忌的马竟然胜了一局，齐威王有点儿慌了。

但更让齐威王目瞪口呆的事情还在后面，第三局比赛还是田忌获胜。这样，在三局比赛中，田忌胜了两局，结果自然是田忌获得了最终的胜利。田忌不仅收回了之前输掉的赌注，还大赚了一笔，孙膑也因此更受信任和重用。

面对这样出乎意料的结果，齐威王百思不得其解。原来，孙膑发现，田忌的马和齐威王的马之间的差距并不大，于是第一场比赛用下等马对齐威王的上等马，第二场比赛用上等马对齐威王的中等马，第三场比赛用中等马对齐威王的下等马。田忌赛马的故事，正是用了"李代桃僵"的计谋。

孙膑主动先败一局，以换取后两局的胜利。还是同样的马匹，孙膑只是巧妙地调换了一下出场顺序，结果就转败为胜。

【点评】

在两军阵前，在政治舞台上，在商场中，要想不付出任何代价就大获全胜非常困难，而总是不可避免地要付出一定的代价或牺牲。在这种情况下，必须牢记"两利相权取其重，两害相权取其轻"的原则，以保全大局和长远利益为重。

而当敌我双方势均力敌或者敌强我弱时，也可以运用李代桃僵之计，以少量的损失换取极大的胜利，从而逐渐将劣势转化为优势。李代桃僵，就是趋利避害。以少量的损失换取很大的胜利，这就是李代桃僵之计的实质。

在此计中，"李"表示要作出牺牲的一方，"桃"则表示被保全的一方。在实施此计时，有两点需要注意：李与桃之间必须具备一定的联系，否则将无法完成替代任务；李轻而桃重，决不能反向替代。

此计有五种含义：

一、弃车保帅。

二、寻找替罪羊。让别人替自己背黑锅，这通常被认为是一种非常阴险的手段。

三、弃子争先。虽然损失了一些棋子，但有利于占据先手，从而让整盘棋都活了。相反，如果过于计较眼前利益，每子必争，往往一败涂地。

四、忍痛割爱。

五、代人受过。

在现代商业活动中，经营者要从全局出发，对优劣形势进行对比分析，既不可为小利所引诱，也不可为小害所妨碍，要争取主动和优势；但不必寸步不让，适当的时候以退为进，从而达到最终的目的。

第十二计　顺手牵羊

【原文】

微隙在所必乘①，微利在所必得。少阴，少阳②。

【注释】

①微隙：很小的空隙，这里指敌方的某些漏洞、疏忽。

②少阴，少阳：意思是抓住敌方小的疏漏，变为我方小的胜利。少阴，阴之初始，比喻敌人的小漏洞。少阳，阳之初始，比喻我方的小胜利。

【译文】

敌人出现的漏洞再微小，也必须乘机利用；利益再微小，也要力争获得。要变敌人的小漏洞为我方的小胜利。

【计名讲解】

本计语出《草庐经略·游兵》："伺敌之隙，乘间取胜。"关

汉卿著元杂剧《尉迟恭单鞭夺槊》台词中，就出现了本计计名。《水浒传》第九十九回写道："前面马灵正在飞行，却撞着一个胖大和尚，劈面抢来，把马灵一禅杖打翻，顺手牵羊，早把马灵擒住。"但以上所说的均不是战争。中国历史上，有很多"顺手牵羊"的战例，例如：晋献公途经虞国灭掉虢国，回师虞国时又乘其不备，灭掉了虞国；秦穆公攻打郑国，兵至滑国时，知郑人已有戒备，灭郑没有希望，就顺手灭掉滑国，然后班师回秦。

"顺手牵羊"的本义是顺手把别人的羊牵走，比喻在实现主要目的的过程中，伺机取得意外收获。在军事上是指看准敌人出现的漏洞，抓住其薄弱环节，乘便获利的谋略。

古人对顺手牵羊之计非常重视。《六韬》中说："善战者，见利不失，遇时不疑。"（意思是）要善于捕捉战机，乘隙争利。）《鬼谷子·谋篇》中说："察其天地，伺其空隙。"（意思是）根据天地万物的变化，抓住敌人的间隙，趁机将其消灭。）《草庐经略·游兵》中说："伺敌之隙，乘间取利。"（意思是）看到敌方有间隙可趁，便伺机谋取好处。）《登坛必究·叙战》中说："见利宜疾，未利则止。取利乘时，间不容息，先之一刻则大过，后之一刻则失时也。"（意思是，看到有利可图就迅速行动，没有好处就不轻举妄动。谋取好处要掌握时机，恰逢其时，如果时机未到就采取行动，或是已经错过最佳时机，就不能实现预定目的。）这些兵法中虽未出现"顺手牵羊"四个字，却是对这一计策的最好说明。

古人的按语说："大军动处，其隙甚多；乘间取利，不必以战。

胜固可用，败亦可用。"意思是：凡是大军行动的时候，一定会留下很多缝隙和漏洞，我方可以趁虚而入，在这种情况下，一定要争取获得胜利，而且不必使用过多的兵力或经过特别大的战斗。这种战法，强者固然可以使用，而弱者同样也可运用。

● **顺手牵羊**

> 一旦出现微小的漏洞，必须要及时利用；发现微小的利益，也要力争获得。利用敌方小的疏忽，为我方争取小的胜利。此计是一种"伺隙捣虚"、创造和捕捉战机的谋略，谋略的实质在于乘敌之隙。

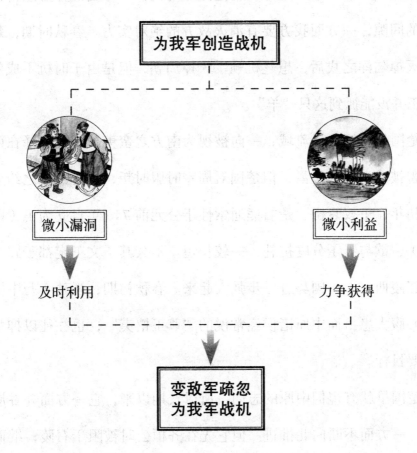

实用谋略

楚王问鼎

实施"顺手牵羊"之计，要把握好时机，一方面敌方必须得留下可趁的间隙，一方面我方要有消灭敌方的绝对实力。春秋时期，楚庄王在灭掉陆浑之戎后，想趁机顺手灭掉周朝，但是由于时机不成熟，楚庄王并没能抓到这只"羊"。

楚国位于江、汉流域，一向被视为南方之蛮夷。其先熊绎在西周初期曾被成王封为子爵，但楚国对周室时服时叛，不受封建之约束。春秋初年，王权衰微，楚君熊通索性于公元前 740 年自立为王（即楚武王），欲与天子分庭抗礼，一较长短。不久其子文王定都于郢（今湖北江陵西北），国势进一步强大起来。春秋初期，强楚实乃中原诸国之心腹大患，而中原诸侯经常说的"尊王攘夷"，也往往以抑楚为其主要目标。

楚国早就有窥伺中原的志向，所以长期以来，它一方面并吞周围小国，一方面不断向北推进。但它先在齐桓公时被阻于召陵，继而在晋文公时战败于城濮，其北进图谋一再受挫。后来，楚庄王即位，开始任用贤才进行改革，使楚国迅速强大起来。

公元前 606 年，楚庄王亲自率领军队讨伐周都洛邑西南方的陆浑之戎。陆浑之戎是姜戎的一支，是不同于华夏族的少数民族。陆浑之戎原住在西北的瓜州，由于不臣服于秦国，秦国率兵把它驱逐到远处。晋献公认为，姜戎是炎帝后裔，应与华夏族同等对待，所以把伊水中上游的山地封赐给姜戎。姜戎在伊水立国，熊耳山区尽为戎地。因此，陆浑之戎成为楚国北扩的重大障碍，楚庄王决定以武力将其剿灭。

陆浑之戎生性剽悍，习于骑战，但不习于战阵兵法。楚军长驱直入，大破陆浑之戎。返回楚国的时候，楚军到达洛水之畔，楚庄王在这里举行盛大的阅兵式，打算顺手牵羊，一举灭掉周朝，从而实现其称霸中原的目的。

楚军阅兵于周朝边境的消息传到了洛邑，周王极为恐慌。周朝的大夫王孙满自告奋勇，表示能劝退楚王。周王便下令让王孙满慰劳楚王，以观楚军的动静。

王孙满素有贤德，是一位杰出的政治家。他到达洛水之南，见楚军营帐相连，甲胄鲜明，楚王居于中帐，不降阶相迎。王孙满看到楚王的架势，知道他态度傲慢，浑然不把自己这位"代天巡狩"放在眼里。但是，王孙满并不介意，他仍旧向楚王致答了周天子劳师之意，说："周朝天子听说大王率军路经此地，因此特派小臣前来慰劳。"

楚庄王听了王孙满的话，心里更加得意了，他并不向王孙满致谢，而是傲慢地问："九鼎现在都在周朝，其大小轻重如何？"

王孙满一听楚王打听九鼎的大小轻重，深知其有灭周之心，于是从容地回答："大小、轻重在于德而不在于鼎。"

楚庄王听后，大惑不解，忙问："这句话怎么说呢？"

王孙满回答："从前，夏朝施行德政的时候，远方的国家把物产画成图像进献，九州又进贡了各自出产的铜。夏王于是用这些铜铸成了九鼎，把图像铸在鼎上，鼎上各种事物都已具备，使百姓懂得哪些是神，哪些是邪恶的东西。所以百姓进入川泽、山林，就不会碰上不顺利的事情。

"因此能使上下协调一致，承受上天的福佑。夏桀昏乱无德，九鼎便迁到商朝，前后六百年；商纣暴虐，九鼎又迁到了周朝。如果德行美好光明，九鼎虽小，也重得无法迁走。如果德行奸邪昏乱，九鼎再大，也是轻的。上天保佑有圣明德行的人，也是有限度的。成王将九鼎安放在王城时，曾占卜预告周朝传国三十代，享国七百年，这个期限是由上天决定的。周朝的德行虽然衰落，天命并没有改变。九鼎的轻重，也就不必询问了。"

楚庄王闻此，知道取代周王室的时机还不成熟，于是率领军队撤退了。

王孙满知道楚庄王的亡周之心，向他阐述"德"。一方面是想以理说退楚王，一方面也说明想取得天下，只能凭借德行，才能令天下顺服。仅仅通过得到鼎来窃取天下的权力，纵然能够成功，也不能长久。楚王在听到王孙满的一番言论后，知道自己还无法取代周朝，于是只得撤军了。这样，楚王顺手牵羊的美梦破灭了。

夏侯惇劫营

擅长打仗的人都有一双善于发现克敌机会（通常是敌人的疏漏）的眼睛，并深谙随机应变之道。曹操的大将夏侯惇就是如此，他在曹操夺取汉中的过程中发挥了重要作用。

公元215年，曹操挥兵汉中，攻打张鲁。一开始，战争进行得很顺利，曹军很快便打到了阳平关（今陕西宁强西）下。他要夏侯惇负责对阳平关的战事，但后者一直攻了十多天，没能攻下阳平关。而驻守阳平关的张卫、杨任等人仗着阳平关地势险要，固若金汤，所以拒不投降。曹操眼看伤亡的人数每日剧增，带来的粮草也不多了，就改变了计划，转而采纳了谋士刘晔的意见，暂停攻关，另作他计。于是，他要许褚通知前方的夏侯惇暂停进攻。

由于阳平关依山而建，有十余座城墙，所以夏侯惇将兵力分散在其周围的各座山上，短时间内很难将士兵集合起来，其前锋部队在赶往集合地点的时候还迷了路。不过，这支部队不但没给夏侯惇惹什么麻烦，还给他带来了惊喜——误打误撞地发现了张卫的一个别营。

事发突然，该部队没有时间将自己的发现报告给夏侯惇，当即就和张卫的守营部队打了起来。张卫的部队没有准备，仓促迎战，误以

为曹军已将阳平关攻克，大惊之下斗志全无，竟然全军撤退。夏侯惇军乘胜追击，三下五除二便拿下了别营。之后，他们没有停下来享受这小小的胜利果实，而是跟着张卫的逃兵，杀入了阳平关。

夏侯惇接到这个消息，连忙调整作战策略。他立即召回已经开始撤退的部队，用最快的速度将兵力集合起来，在夜色的掩护下杀向阳平关。而此时，关内的守军已乱作一团，守将杨任拼尽全力也没能阻止夏侯惇的长驱直入，张卫见败局已定，遂弃城逃跑。阳平关素来被张鲁当成是对付曹操的最大筹码，阳平关失守后，张鲁为免全军覆没，很快就投降了曹操，曹操顺势夺取了汉中。

虽说"顺手牵羊"需要运气，但如果夏侯惇在得知属下进入阳平关后，没有及时改变作战方案，曹军也不可能一鼓作气拿下这座一度久攻不克的堡垒。

韩信取三齐

"顺手牵羊"的关键在于抓住时机，乘虚而入，从全局着眼，只要不会出现"因小失大"的状况，就不要轻易放过获利的机会。公元前203年，韩信被封为齐王，而他之所以能成为齐王，多亏听从了谋士蒯通的建议，借项羽和刘邦兵戎相向的机会，顺手牵"齐"。

公元前205年，齐王田荣和刘邦分别从东西两面夹击项羽。项羽亲自率领大军击败了田荣，和刘邦在对峙荣阳。不过，由于在攻打田荣的过程中，楚军残忍地焚烧城郭、坑杀降卒，齐国发生了叛乱。田荣的弟弟田横趁机收容散兵，聚集力量攻打项羽。

项羽一心对付刘邦，无暇顾及齐国的内乱，田横便乘虚而入夺回齐国，并立田荣的儿子田广做了齐王。与此同时，作为刘邦的左膀右臂，韩信正忙着为刘邦开疆拓土，他采纳广武君李左车的意见，不用一兵一卒便迫使燕国投降，使其归服自己。

韩信原本就计划夺取燕、齐两国，但就在他准备挥师齐国的时候，刘邦派郦食其做说客劝说齐王田广背楚降汉。郦食其很好地完成了任务，素来对汉军有所提防的田广遂放下了对汉军的戒备。

既然田广不再与汉为敌，韩信也没有必要讨伐他了。因此，听说此事后，韩信便打消了伐齐的念头。但他的谋士蒯通却建议他顺手牵羊。蒯通对韩信说："将军是奉诏攻打齐国，汉王只不过暗中派遣一个密使游说齐国，难道有诏令命你停止进军吗？为什么不进军呢？况且郦生不过是个读书人，坐着车子，凭着三寸之舌，就收服齐国七十余座城邑。您为将多年，反不如一个读书小子的功劳吗？"

韩信被蒯通说动了，于是按照蒯通的计谋，重又拉起旗帜，大举伐齐。齐王得知韩信要来攻打自己，又惊又气；一面派人向项羽求助，一面烹杀郦食其泄愤。然而，尽管项羽马上派来二十万大军援救田广，田广仍没保住自己的国家。最后，齐国被收入韩信囊中，刘邦也只得封韩信为齐王。

夺取齐国，一方面得力于韩信出众的指挥能力，一方面也得力于

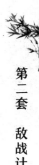

蒯通的审时度势。后者敏锐地捕捉到楚汉战场的形势变化——项羽正和刘邦对峙，不可能将太多力量放在齐国身上，而齐国则由于刚刚接受了刘邦的劝降，对汉军没有防备——这些都是韩信顺手牵羊不可或缺的条件。

商业案例

电影《少林寺》带来的商机

中国电影《少林寺》在美国上映后，引起了极大的轰动。中国功夫一举名扬海外，令无数外国人津津乐道，而作为电影主角的少林寺和尚也随之"身价倍增"，甚至连他们脚上穿的粗布鞋也令美国人羡慕不已，恨不得自己也能拥有一双，好像穿上之后就能和少林寺的和尚一样身怀绝世武艺。

一个美国商人敏感地注意到了这种潮流，认为这是一个绝佳的赚钱机会。他依据电影《少林寺》中和尚们所穿的僧鞋，很快设计出了一种"少林鞋"。

设计完成后，这位美国商人专程赶往上海，与一家中国鞋厂合作生产这种鞋，然后返销到美国。

正如这位美国商人之前所预料的那样，借助《少林寺》掀起的"少林热潮"，少林鞋在美国上市后迅速畅销，他趁机大赚了一笔。

商机总是一纵即逝，因此，当机会出现在面前时，一定要牢牢抓住。顺手牵来的"羊"虽然不是长久经营的目标，但偶尔为之，顺势赚一笔同样能获得可观的利润，不可错过。

【点评】

从某种意义上讲，"贪"是人类生活的根本追求：人类贪求更香的食物，于是学会了用火烤制熟食；人类贪求更安逸的生活，于是学会了盖房子，然后逐渐出现了高楼大厦；人类贪求更方便的出行方式和更快的速度，于是有了汽车、轮船、飞机等交通工具。顺手牵羊也是人类贪的本性的一种自然流露。

实施此计，关键在于"顺手"二字，如果是在不顺手的情况下勉强为之，不仅徒劳无功，可能还会对原有的主要目的造成妨碍。

"顺手牵羊"中，"羊"比喻意外的小利，但并不是见羊就要"牵"。首先要观察它是不是敌人布下的诱饵；其次要明确，小利终归是小利，不能因此而偏离了自己的主要目的。只有在通观全局、确定不会因小失大的前提下，才能顺手牵羊，否则很可能捡了芝麻丢了西瓜。

军队在行动的过程中，肯定会出现很多漏洞。比如，当行军速度较快时，可能造成协调不灵，给养跟不上等问题，战线拉得越长，漏洞越多。只要有利，即使不能完全取胜，也可以抓住时机给予敌

人一击。

无论是强者还是弱者，胜利者还是失败者，战争史上经常会出现这样的情况：一方开始处于劣势，然后用小股精锐部队钻入敌人的心脏，神出鬼没地打击敌人，从而转化为优势。

在现代商业经营活动中，经营者经常在市场竞争中运用此计：在宣传本企业产品的特点和优点的同时，还要暗示对方产品的缺陷和不足，贬低对方，以抬高自己。不过有一点，这种对比必须是确实存在的，否则一旦发现是虚假信息，这种宣传就只能起到反效果了。

名家论《三十六计》

可能有人会问：顺手牵羊什么情况才能"下手"，有没有可能遇上"偷鸡不着蚀把米"，或"赔了夫人又折兵"的时候？在回答这个问题时我们要注意到这样的情况：实施顺手牵羊这一计的时候要注意"顺"，即来去顺路，取之顺手，赢之顺时，得之顺便。如果在不顺手的情况下强行取利，不仅徒劳无功，而且会影响原有的主要目标的实现。必须明确的是，小利终归是小利，不能代替自己的主要目的。只有在不影响主要目标实现的前提下，才能顺手去取意外之利。否则会因小失大，捡了芝麻丢了西瓜。另外，还要看所要牵的"羊"是不是敌人为我们准备的诱饵，要根据当时的战场态势详察明判，并不是见"羊"就可以牵。

顺手牵羊作为一种伺隙捣虚、捕捉战机的计谋，要明白战机是很重要的，也是很难得的，难以把握的，往往是"先之一刻则太过，后之一刻则失时"，一瞬间即可扭转整个战局。所以要"见利不失，迁时不疑"。发现敌人的漏洞，要见缝插针，手疾眼快，果断出手，这样才能见微知著，扩大战果，获得胜利。

——薛国安

第三套　攻战计

第十三计　打草惊蛇

第三套

攻战计

【原文】

疑以叩实①，察而后动；复者②，阴之媒也③。

【注释】

①疑以叩实：发现了可疑情况就应当考实，调查清楚。叩，询问、寻求。

②复者：反复去做，即反复去叩实，察而后动。

③阴：指某些隐藏着的、尚不明显或者尚未暴露的事物、情况。媒，媒介。

【译文】

发现了可疑情况就要去寻求实情，只有调查清楚后才能采取行动；反复查探分析，是发现敌人阴谋的重要方法。

【计名讲解】

此计名出自段成式《酉阳杂俎》。

唐代时，当涂县有个县令叫王鲁，此人贪得无厌，见钱眼开，一天到晚只想着贪污受贿，搜刮民脂民膏，只要是有利可图，他就可以不顾是非曲直，肆意颠倒黑白，因此干了许多不法之事。

常言道：上梁不正下梁歪。见到上司贪赃枉法，大开方便之门，王鲁属下的大小官员自然也不会客气。

一天，有个人递了一张状纸到衙门，原来是当地百姓联名控告王鲁手下的主簿贪赃枉法。王鲁将状纸粗粗扫了一眼，状纸上所陈述的各种罪状几乎和他平日的违法乱纪行为一模一样，简直就像是在控告自己一样。

王鲁做贼心虚，一边看着状纸，一边忍不住全身都在颤抖，生怕自己的不法行径也会暴露。他越想越害怕，连状纸都不知道该怎么批了，竟然不由自主地在状纸上写下了此刻内心的真实感受："汝虽打草，吾已惊蛇。"意思是，你这么做，本来的目的是为了打地上的草，但我就像躲在草丛中的蛇一样，被大大地吓了一跳。后来，人们就将王鲁所写的这八个字简化为"打草惊蛇"了。

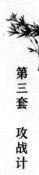

"打草惊蛇"本义是指惩治甲而警告乙，后比喻做事不密，使人有所戒备。运用在军事上，一是指己方行动不够机密，致使对方有所察觉而提前采取对策，从而隐藏得更深；二是指敌情不明或有可疑之处时，先佯动诱敌，待敌人暴露出真实的情况后再采取行动，目的是防止堕入敌人的陷阱之中，或者诱使敌人按照我方的战略意图行动。正如《虎钤经》中所说："观彼动静而后举焉。"

● 打草惊蛇

语出段成式《酉阳杂俎》：唐代王鲁在当涂担任县令时，搜刮民财，贪污受贿。有一次，县民控告他的手下主薄贪赃。他见到状子，十分惊骇，情不自禁地在状子上批了八个字："汝虽打草，吾已惊蛇。"打草惊蛇，作为军事谋略，是指敌方兵力没有暴露，行踪诡秘，意向不明时，切不可轻敌冒进，应当查清敌方主力配置、运动状况再说。

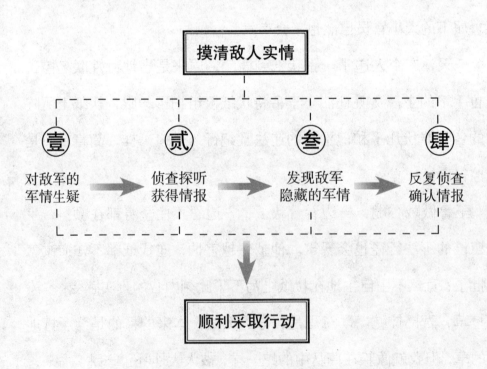

摸清敌人实情

壹	贰	叁	肆
对敌军的军情生疑	侦查探听获得情报	发现敌军隐藏的军情	反复侦查确认情报

顺利采取行动

实用谋略

崤之战

打草惊蛇是三十六计之一，但它有时也是兵家大忌。如果行动过早而被敌人得知，那么极有可能导致全部军事计划作废。战国时期，好武善战的秦穆公就曾在这方面有过很大的教训。

周襄王二十四年（公元前 628 年），郑文公、晋文公相继去世，帮助郑国守卫城池的秦国大夫杞子等认为这是偷袭郑国的好机会，便告诉秦穆公，自己掌握着郑国的北门，如果偷偷地派兵伐郑，拿下郑国指日可待。

秦穆公听到杞子的汇报，非常高兴，遂征求大夫蹇叔的意见。但蹇叔不看好这个计划。蹇叔以为，从来没听说过让疲劳之师去攻打远方的国家，军士疲劳，远方的君主又有所防备，事情恐难以成功；秦军的动作，郑国一定会知道，而军队长途跋涉又没有所得，注定会产生反叛之心。但是秦穆公完全听不进蹇叔的话，因此下了攻打郑国的命令，派大臣百里奚的儿子孟明视、蹇叔的儿子西乞术和白乙丙统领大军出征。

出征的那天，蹇叔哭着说，自己只能看到秦军出发却看不到他们

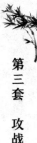

473

回来。秦穆公听了心中很是不快。

秦军出发了，到达滑邑。一个名叫弦高的郑国商贩在滑邑的市场上看到秦国大军，就顺手将自己的十二头牛献给秦军，说："听说秦国想灭掉郑国，郑国的国君很小心地进行防备，还派我送牛来犒劳贵国将士。"秦国的军官听到这话，互相说："郑国已经察觉到我们偷袭他们的事情了，继续前进不会有什么好结果。"

弦高立刻返回郑国，将秦军袭郑的事情告诉郑国国君郑穆公。郑穆公则在探明情况后立即派大夫皇武子暗示留在郑国的杞子等人，郑国已知晓秦国的计划，杞子等人听后都知趣地离开了郑国。而秦军方面得知秦在郑国的内应已经离开，伐郑的胜算甚小，便改变了作战计划，转而攻打并灭掉了滑邑。

不过，事情并没有就此结束。正值服丧期的晋国得知秦国打算偷袭郑国，认为这正是天赐的攻秦良机。晋襄公采纳了中军帅先轸的意见，起兵攻秦。为鼓舞士气，晋襄公还穿着丧服亲自督战，晋军在崤函地区的东、西崤山之间设下埋伏，就等着秦军送上门来。

此时，秦军正在孟明视的率领下经过崤山，还没有对当地的地形进行侦查，不知不觉进入晋军的埋伏圈。晋军封锁了山谷的两头，堵死了秦军的退路，对秦军发动猛攻。晋襄公亲临战场，率兵出击，秦军被打得措手不及，进退不能，最后秦军被悉数歼灭，领军的几位大将也成了晋军的俘虏。秦军因"打草惊蛇"全军覆没，晋军则因为行动隐秘获得成功。

李自成与明军大战于朱仙镇

"打草惊蛇"有两重含义，一重是遇到事情不能轻举妄动，以免过早暴露行踪，于己方不利；一重是故意"打草"，引出敌人，将其引入自己的埋伏圈，再予以打击。

1642年，李自成围攻开封，崇祯皇帝连忙调兵遣将，援助开封。

明朝大军由丁启睿、左良玉等人率领，号称四十万，李自成所率的农民军则号称三十万，双方人马在开封西南九十里处的朱仙镇展开对决。由于不想让明朝援军和开封守军集合起来，李自成决定将明军分割开来，分别在开封和朱仙镇设置包围圈，又在南面的交通要道挖开了一条长百里、宽一丈六的壕沟。这条沟一来可以截断明军的粮道，二来可以成为明军逃跑路上的障碍。

为了打赢这场仗，顺利拿下开封，李自成作了周密的部署，而他的敌人却迟迟没能拿出完整的作战计划。丁启睿主张主动出击，左良玉则认为应坚守不出。李自成注意到这个问题，将手下兵士分成两路。一路猛攻位于朱仙镇的由虎大威率领的明军，制造混乱，打草惊蛇，让敌军深陷于陷阱。一路负责攻打左良玉，迫使其动弹不得，无法为虎大威提供增援。李自成的计划得到了有力执行。结果，明军方面，

虎大威战死，左良玉不知所措。左良玉见局势对自己愈发不利，最后竟不顾丁启睿的号令，连夜出逃。李自成故意放出一条路让左良玉及其军队逃亡，果然不出他的所料，左良玉逃到了农民军事先挖好的大沟前。沟宽且深，骑兵不能跨越，逃兵败将纷纷丢盔弃马，就在这时，又杀出一路农民军，明军死伤惨重，尸体充满了壕沟。

左良玉被打得惊恐不已，他所率之部全军覆没；自己逃了上千里，一直逃到湖北襄阳，才松了一口气。其他明朝将士的命运也好不到哪儿去，丁启睿狼狈不堪，逃跑时弄丢了皇帝御赐的尚方宝剑。

李自成的打草惊蛇之计大获成功，农民军不止拿下了开封，还招降了明朝二万步兵、八千骑兵，缴获了大量粮草、武器，士气大增。相反，明朝却因这次失利元气大伤。因为这四十万兵马本是其最精锐的一支部队；更重要的是，此次失败极大地挫伤了明军的士气。朱仙镇大战后不足两年，明朝的都城北京就被李自成攻克。

诸葛亮于汉水巧战曹操

有时为了更好地迷惑敌人、扰乱敌人计划，可以重复"打草"，反复"惊蛇"，让敌人陷入虚实莫辨、惊恐不安的境地。

公元218年，刘备领兵十万围困汉中。曹操得知后非常吃惊，亲自率领四十万大军与之相抗。蜀军见曹操来势汹汹，便退驻到汉水以西，蜀魏大军隔水相望。

　　一天，刘备和军师诸葛亮外出观察两岸情况，思考克敌之策。诸葛亮见汉水上游有一片土山，认为可以埋伏千余士兵，回营后，便要大将赵云带着五百名士兵，伏于土山之下。临行之前，诸葛亮还特地要这五百士兵都带上鼓角，他告诉赵云，每到黄昏时分，只要听到营中有炮声响起，就擂鼓吹角，但不能出战。

　　第二天，曹军到阵前挑战，蜀军却坚持按兵不动。曹军叫喊了一阵，见对方没有动静，便班师回营。诸葛亮站在高处观察敌军的动向，这天夜里，他见曹营的灯火熄灭了，便命令士兵开炮为号，埋伏在土山处的赵云等听到炮声，马上擂鼓吹角。

　　曹兵被蜀军的动静惊动了，非常恐慌，怀疑蜀兵会来劫营，忙起来迎敌，不想出营一看，并未看到有人劫营。这样一夜折腾了好几次，曹兵不由怨声载道，他们被蜀军的号角弄得魂不守舍，寝食难安。而曹操虽然知道这是诸葛亮的计谋，却也不敢号令将士不去理会蜀军的战鼓战号。万一蜀军发动了真正的袭击，精神松懈的曹军很可能反应不过来。考虑再三，曹操最终决定退兵三十里，另寻地方安营扎寨。

　　诸葛亮见曹兵后退了，便趁势率部渡过汉水。而在渡过汉水之后，诸葛亮又让将士们背水扎寨，故意让蜀军身处险境，同时也让曹操大惑不解。曹操担心诸葛亮又在要什么计谋，就修书一封给刘备，和他约定时间进行交战。

　　约定的日子很快到来，战斗一开始，蜀军就假装失败，向汉水方向撤退。但在撤退的时候，蜀军却故意将不少辎重弃于道旁，曹操不

由疑心大起。为了避免落入敌人圈套，曹操早早便鸣金收兵，禁止魏军追击蜀军。有人不明白曹操的意图，问："为何不乘胜追击？"曹操则答："蜀军背水扎寨本就可疑，现又故意丢弃辎重则更令人怀疑，小心为上，必须火速撤兵。"

然而，就在曹兵开始后撤的时候，诸葛亮亮起了旗号，指挥蜀兵重新杀来，曹军猝不及防，慌乱溃散，损失惨重。原来诸葛亮的"打草惊蛇"，就是为了让曹军陷入恐慌混乱，给蜀军创造获胜的条件。曹操猜不透诸葛亮的意图，为保险起见计划撤兵，结果正中诸葛亮之计。

商业案例

艾柯卡重振"克莱斯勒"

"打草惊蛇"的好处之一就是可以帮助人们发现隐藏起来的敌人，人只有知道敌人在哪里，才好有的放矢，将其各个击破。

1978 年，李·艾柯卡出任克莱斯勒汽车公司的总经理。他一上任就面临着一个棘手的问题：如何将克莱斯勒从破产的边缘拉回来？面对债台高筑的"克莱斯勒"，艾柯卡认为必须向美国政府求助，争取得到政府的担保，并以此为基础向银行借贷。至于到底需要借多少钱，艾柯卡心中的理想数目为 12 亿美元。

克莱斯勒打算借巨额贷款的事很快便闹得沸沸扬扬，绝大多数人都对此表示反对。原来，在美国，很多人认为企业借助政府的力量发展经济会破坏自由竞争的原则。艾柯卡和克莱斯勒顿时成了众矢之的。

然而，艾柯卡没有被排山倒海的反对声吓坏，反而向反对他的人进行了反击。他反驳说，在他之前，美国政府曾给不少大企业提供过帮助，比如洛克菲勒公司、华盛顿地铁公司以及全美五大钢铁公司。这些公司通过美国政府的担保从银行那里一共贷到了四千多亿美元，而现在克莱斯勒需要的不过是 12 亿美元，艾柯卡不明白为什么那么多企业会对克莱斯勒有这样大的非议。之后，艾柯卡又向人们强调，拯救克莱斯勒不仅不会破坏美国的自由竞争原则，相反，还会保护竞争。整个北美只有三家大的汽车公司——克莱斯勒、福特和通用，若克莱斯勒破产了，北美的汽车市场就成了福特和通用的天下了，这对消费者来说显然不是件好事。

一方面艾柯卡态度强硬地要美国政府帮助自己，他用数字向美国政府发出警告，倘若政府拒绝向克莱斯勒施以援手，一旦克莱斯勒破产，美国政府必须支付高达 27 亿美元的失业保险金和其他社会福利。而美国政府到底是愿意帮克莱斯勒贷 12 亿呢，还是愿意为克莱斯勒的破产花 27 亿？答案不言而喻。另一方面，艾柯卡还提醒那些试图阻挠克莱斯勒获得政府担保的议员，克莱斯勒在全美各地设有很多机构，一旦克莱斯勒倒台，这些机构的工作人员就失业了，考虑到克莱斯勒的员工和与其有经济往来的公司、人员数目庞大，议员们有理由担心自己

的支持率会因此而下降。

当艾柯卡大张旗鼓地要求美国政府为克莱斯勒担保时，很多人都以为他疯了，认为他的贷款计划一定敌不过强大的舆论压力。然而最后，艾柯卡却成功地拿到了12亿美元的贷款，并用这笔钱帮助克莱斯勒起死回生。原来，艾柯卡之所以高调地要求政府为其做贷款担保，就是想用"打草惊蛇"的办法摸清贷款之路上会遇到哪些阻碍，看清楚究竟有谁在反对，又是因为什么原因而反对。正是在掌握了这些情况的基础上，他才可以有针对性地将种种困难一一解决。

【点评】

在进军途中，如果经过坑地、水洼、芦苇、密林及山隘等地，一定不能麻痹大意，稍有不慎，就会"打草惊蛇"而被埋伏之敌所歼。可是，战场情况复杂，变化多端，有时己方巧设伏兵，故意打草惊蛇，让敌军中计的战例也层出不穷。

运用此计前，首先要明确究竟什么是"草"，什么是"蛇"。

草与蛇虽然性质不同，却是互相联系的：蛇借草藏身，草能迅速地向蛇传递信息，尤其是危险来临的信号。可见，"草"指敌人的盟友，或者敌人的小股部队，"蛇"指敌人自身或者敌人的主力。

打草惊蛇有三重含义：

一、引蛇出洞。因为蛇潜伏在草丛中，不易发觉，因此在行动时故意先打草，让蛇暴露踪迹。一旦蛇的位置不再隐蔽，想要消灭它也就很容易了。

二、打草惊走蛇。直接打蛇，蛇可能随棍而上，这种情况比较危险。而通过远远地击打草丛吓走蛇，往往比较有效。当不愿或者不能与敌人正面交锋时，便可使用这种间接驱敌之法。

三、甲和乙互相关联，可以通过打击甲来警告乙，是一种间接警告之法。

第十四计　借尸还魂

【原文】

有用者，不可借；不能用者，求借。借不能用者而用之，匪我求童蒙，童蒙求我[①]。

【注释】

①匪我求童蒙，童蒙求我：语出《易经·蒙》。匪，通"非"，不、不是。童蒙，年幼无知的小孩，这里指受支配者。

【译文】

有作为的，不求助于人；无作为的，求助于人。利用那些无所作为的并顺势控制它，结果就不是我受别人支配，而是我支配别人。

【计名讲解】

　　　　此计名出自元代岳伯川的杂剧《吕洞宾度铁拐李岳》："岳寿，

谁想你浑家将你尸骸烧化了，我如今着你借尸还魂，尸骸是小李屠，魂灵是岳寿。"这个剧本原型应当是中国古代的一个民间故事。

从前，有一个叫李玄的人，曾拜太上老君为师，跟他修道，学习长生不老之术。

一天，李玄应太上老君之召，留下肉体凡胎，灵魂出窍，飘飘然游于三山五岳之间。临行前，他嘱咐徒弟看护好自己的肉体，说是七日便回。

徒弟也一直很小心地在一旁守护，但是到了第六天，徒弟忽然接到消息，说是母亲病危。徒弟看李玄的躯体之前一动不动，现在摸上去浑身冰凉，连呼吸也停止了，认为师父已经死了，就算离他之前说的七日之期还有一天时间，但人死了也不可能复生，便匆匆忙忙将李玄的身体火化后回家去了。

待李玄神游归来，却发现徒弟不见踪影，自己的躯体也不见了，魂魄无所归依。这种状态持续的时间一长，他的灵魂也将跟着消散，落得个魂飞魄散、灰飞烟灭的下场。

李玄苦苦思索着办法，眼看时间越来越少，恰好路旁有一个刚死的乞丐，尸体还可以借用。慌乱之中，李玄也来不及查看，便将灵魂附在了这具乞丐的尸体上。

借尸还魂后的李玄，蓬头垢面，胡子拉碴，坦腹露胸，而且一条腿还跛了。虽然不甚满意，但总算是活了过来。为了方便行走，李玄对着一根竹竿轻轻吹了一口气，竹竿立即变成了一条铁杖，李玄因此被称为"铁拐李"，他原来的名字反而逐渐被人淡忘了。

"借尸还魂"的本义是指人死后灵魂还能借着别人的尸体复活，

比喻已经没落或死亡的事物、势力、思想等，又假借某种形式重新出现或复活。运用在军事上，是指利用那些没有作为的名义或势力来达到我方的目的。另外，当处于被动或面临失败时，利用一切有利条件来扭转局势，争取主动，实现自己的目标，也可视为"借尸还魂"。

● **借尸还魂**

> 在失去主动或处于败局的情况下，要善于利用一切可以利用的东西，转换战争局势，变被动为主动，以实现既定的军事意图。此计的本意是利用出兵援助别人的机会，趁机控制或占领人家的地盘。

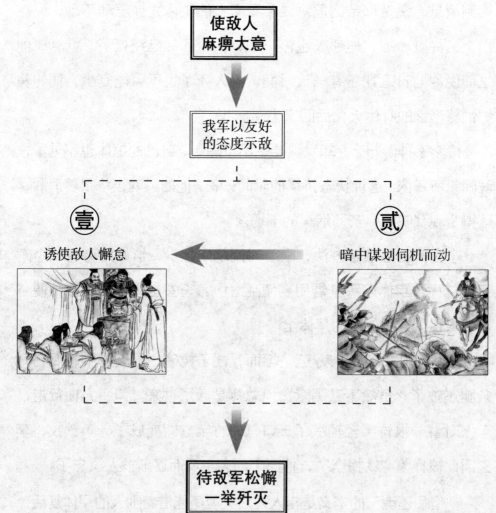

使敌人
麻痹大意

↓

我军以友好
的态度示敌

壹 — 诱使敌人懈怠

贰 — 暗中谋划伺机而动

待敌军松懈
一举歼灭

实用谋略

巧借亡者之名发动起义

借尸还魂，是说已经死亡的东西，又借助某种形式复活。秦末陈胜、项梁就曾使用此计，不但壮大了自己的势力，还最终灭掉了秦国。

秦朝末年，赋税和徭役十分繁重，百姓怨声载道。公元前209年，终于爆发了陈胜、吴广起义。

陈胜、吴广本是秦朝征发到渔阳的戍卒中的小头目，他们前往渔阳途中，遇上了大雨，无法按时到达目的地。这令陈胜、吴广十分着急，因为按照秦律规定，戍卒延期抵达目的地，就要被斩首。于是，陈胜、吴广聚在一起，悄悄商议对策。他们二人一致认为，与其因为误期而被杀，还不如起来造反。陈胜表示，公子扶苏和楚将项燕都深得民心，但是他们都被害死了，所以不如假托这两个人的名义，向全国发出号召，一定会得到天下人的响应。吴广完全赞成陈胜的主张。

两人经过精心准备，杀死负责押送戍卒的两名官吏，然后把众戍卒召集起来，号召大家一起反抗秦朝的暴政。众戍卒听罢，齐声高呼，表示愿意追随陈胜、吴广。于是，陈胜让戍卒们冒充公子扶苏和项燕的队伍，并袒露右臂，作为义军的标志，打出了大楚的旗号。陈胜又

筑起一座高台，用那两个军官的头颅祭天，举行誓师仪式，立誓同心协力推翻秦朝的暴政。

陈胜和吴广率先向暴秦发难以后，天下云集响应，各地义军风起云涌，很快席卷了大半个中国，秦朝的覆灭已成大势所趋。

陈胜和吴广在起义时借用了公子扶苏和楚将项燕的名号，吸引了不少人的追随。响应者中不断有人仿效他们，采用了"借尸还魂"之计来提高队伍的威信，增强号召力。

公元前208年，陈胜战死，但起义军的余部仍在坚持斗争。楚人项梁和他的侄子项羽也在乱世中拉起了一支人马。项梁正是楚国名将项燕的后人。

另外一支义军则找到了楚国贵族的后裔，并推举他为领袖，也有不少人闻风前去归附。

项梁在薛城召开会议，商议推举楚王的事宜。项梁既为名将之后，便产生了自立为楚王的想法，但谋士范增劝他说："八十多年前，楚怀王被诱骗到秦国，然后被囚禁在那里，至死不得还归。这样的奇耻大辱，楚人一直铭记于心。如果能找到一位楚国王室的后代，立他做楚王，不但可以将原先的楚国百姓笼络至将军麾下，而且楚地的其他义军也会前来归附。"

项梁听从了范增的建议，派人四处寻找楚王的后人，终于找到了楚怀王的一个孙子，名叫熊心，当时他还只是一个十三岁的牧童。项梁按照先前的计划，拥立这个幼小的牧童登基，称其为楚怀王。

"楚怀王"的出现，更加激起了百姓对秦朝的强烈不满和反抗情绪，起义军方面则是信心倍增，凝聚力大大增强，势力日益壮大，在接下来的战斗中又取得了一系列胜利。

范增主张拥立楚怀王的后人为王，其实施用的就是"借尸还魂"之计。楚国早已被秦国灭掉，成为过去，但它在反秦斗争中仍有相当大的号召力。抬出楚国这面大旗，可以有效地号令天下，给项梁等人的反秦起义披上了一层合情、合理的外衣，借历史上的楚怀王，来实现灭亡秦朝的目的。

清初"朱三太子案"

借皇族后裔之"尸"来实现自己夺取天下的计划，是不少野心家常用的手段。康熙时发生的若干起打着"朱三太子"旗号对抗朝廷的事件，就是极好的例子。

康熙十六年（1677年），绰号"白头贼"的福建永春人蔡寅自称是"朱三太子"，借助巫术，领数万兵马，在台湾郑经的配合下攻打漳州。不过，蔡寅的"借尸还魂"并没有成功，第二年便在天宝山（福建省漳州西北郊）被清朝将领黄芳世所灭。这年六月，河南柘城也有人自称是明"朱三太子"，率众起事，也遭到了清廷的镇压。

康熙年间影响较大的是杨起隆的"朱三太子案"。杨起隆为人果敢，又有谋略。康熙十二年（1673年）十二月，杨起隆借吴三桂在云南发动叛乱的机会在京城举事。虽然行动很快被镇压下去，但杨起隆成功逃脱。清朝政府费了很大的力气追捕他，始终一无所获。几年之后，又有人借杨起隆之名在陕西汉中领兵抗清，行事手法和杨起隆十分相像。然而，事后发现，这人只是杨起隆的部下。此人后被清廷逮捕，押往北京处死。

实际上，朱三太子本是明崇祯皇帝的三子朱慈焕。明亡后，朱慈焕流落民间，过着颠沛流离的生活，并没有萌生过反清的念头。相反，为了安度余年，他还隐姓埋名，生怕被人利用。但一直以来都有人以他的名义进行谋反。康熙四十七年（1708年），朱慈焕被清廷抓获，被交往九卿科会审，清朝政府找到几个投降清廷的老太监辨认他的身份，老太监们皆称不认识他。最后，清廷以"假冒朱三太子"为名，将朱慈焕凌迟处死。朱慈焕的几个儿子也被杀死。

对清朝政府来说，朱三太子并不可怕，可怕的是朱三太子的名号。该名号的感召力太大了，激发了无数人"反清复明"的心。每每有人打着"朱三太子"的旗号起义，都让康熙有芒刺在背的感觉。而朱慈焕死后，"朱三太子"并没有消失。康熙四十六年（1707年）冬天，在江苏太仓州和浙江四明山都有人以朱三太子之名起事，让康熙好不烦恼。而十三年后，在遥远的台湾，百姓朱一贵也自称是"朱三太子"，发动起义。清初有相当长一段时间，对那些渴望反清复明的人来说，朱三太子都是一面极具吸引力的旗帜。

虽然很多反清人士都非常聪明地亮出"朱三太子"的名号为自己的行动增加影响力，但最终，他们的起义都失败了。这从一个侧面说明借尸还魂必须有足够的实力作支撑，否则即使成功地拉起旗帜，也不能得到圆满的结果。

刘备占益州

借尸还魂的一个重要内涵就是借他人的名义，夺自己的地盘；借用他人的力量，扩充自己的势力范围。三国时期，刘备就是凭借此计占据了益州。

公元 211 年，益州牧刘璋唯恐曹操进攻巴蜀，他的谋士张松便给他出谋划策，要他迎接刘备入蜀。刘璋同意了，遂派法正带四千人及巨款送给刘备。这对刘备而言正是天赐良机，因为巴蜀地理位置好，资源丰富，很方便英雄大展宏图，建功立业。于是，刘备接受了刘璋的请求，和庞统一起进入益州，留诸葛亮、关羽等据守荆州。

刘璋热情地欢迎刘备到来。而此时，由于被刘备的英雄气概所折服，原为刘璋谋事的张松、法正都建议刘备杀掉刘璋自立。但刘备认为自己初来乍到，人心尚未归服，不能轻举妄动。进入益州后，刘备十分注重提高自己的声望。刘璋推荐他做大司马，领司隶校尉，刘备也推荐刘璋做镇西大将军，领益州牧。刘璋配给刘备士兵，命其督白水军，还令他攻击张鲁。尽管刘备当时总共有三万多人，车甲、器械、资货甚多，但他并未急着出兵，而是树立恩德，收买民心。

刘备和刘璋的友好关系一直维持到公元 212 年。这年曹操出兵征讨孙权，孙权向刘备求援。刘备便请求刘璋给自己万名士兵和军事物资，但刘璋只许诺为他提供四千兵马和一点点物资。

刘备马上抓住这个把柄骂刘璋不义，然后将矛头对准刘璋，向刘璋宣战。刘璋根本不是刘备的对手，几场仗打下来，刘备的势力越来越大，刘璋的势力则越来越小。公元213年，曹操停止讨伐孙权，这让诸葛亮等刘备的得力助手得以腾出手来率军入川，有了他们的帮忙，刘备如虎添翼。公元214年夏天，刘备率汉军围成都数十日，派简雍为说客，劝说刘璋投降，刘璋终于放弃了抵抗。

刘备如愿以偿地占据了益州，为蜀国的建立打下了基础。在这个过程中，刘璋即刘备所借的"尸"，刘备以助刘璋抗曹为名，进驻益州，又借刘璋在益州的影响力，迅速地建立起自己的势力，最终反客为主，夺取了对益州的控制权。

商业案例

派克公司的"借尸还魂"

为趋于没落的事物注入新的灵魂，让其重新焕发生机，是借尸还魂的关键。不少公司都是利用这一策略让濒临绝境的品牌起死回生、再创奇迹的。

很长一段时间以来，派克公司都牢牢占据着中国钢笔市场龙头老大的地位，它的钢笔和自来水笔销量都十分可观。20世纪四五十年代，凭借这两款产品，派克公司在中国市场进入巅峰时期。然而就在这时，有人发明了圆珠笔。廉价实用的圆珠笔一经问世就受到了消费者的喜爱，买圆珠笔的人一多，买钢笔的人自然而然就少了很多。派克公司大受打击，利润也直线下滑，照这样持续下去，派克公司很快就会出现财务危机。

派克公司对此大为懊恼，为了夺回失去的市场，其不得不将一部分精力放在圆珠笔的生产上。但这仍然不能改变派克公司江河日下的境况。派克公司欧洲高管马科利为此伤透了脑筋。就在这时，他从一封老朋友的来信中得到启发。信是这样写的：

"我家附近有个卖器皿的商店，价格便宜东西又好，大家都很喜欢。没多久，这家店就把周遭的同行都给挤跑了。过了一段时间，我家隔壁又开了家商店，我问老板：'您打算卖什么？'老板说：'卖器皿。'我觉得奇怪，问：'您不是找死吗？您难道不知道不远处有个生意很火的器皿店吗？'老板说：'我知道，可我卖的不是物美价廉的器皿，而是古董。'"

朋友告诉马科利，现在这两家器皿店都经营得很好。

马科利马上意识到派克的问题出现在哪儿了，并想到了解决问题的办法。派克在生产策略上犯了严重的错误，它不应该以己之短攻人之长，而应利用自己的优势开拓新的市场。于是马科利为派克制定了

全新的发展战略。他不再在"物美价廉"上做文章，转而赋予了派克钢笔高贵、典雅的新形象，让派克从普通的大众消费品摇身变成一种彰显身份的奢侈品。为了凸显派克钢笔的珍贵，派克公司在提高自家钢笔价格的同时，削减了它的产量，又加大了广告宣传的力度。马科利甚至找到了英国女王伊丽莎白二世，想方设法使派克钢笔成为女王专用笔。而在和皇室搭上关系后，派克钢笔果然身价倍增。公众对它的印象渐渐发生了变化，一切都如马科利预料的那样顺利进行。

派克钢笔脱胎换骨，提起它，人们想到的不再是"便宜易用"，而是"奢华精致"。对此，马科利做了这样一番感叹："当你山穷水尽的时候，不要总盯着前方的绝境怨天尤人……如果人类只专注于在陆地上跑得快，就不会发明飞机，而事实证明，再快的汽车也跑不过飞机。派克笔就是这样，既然在地上跑不过你，那就飞到天上去。"

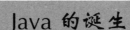

Java 的诞生

1990 年，个人电脑的兴起让太阳公司有了危机感，它的市场正一天天变小。太阳公司的负责人考特·曼克尼为此忧心忡忡。一天，一个名叫努顿的员工来找曼克尼，向曼克尼申请辞职。曼克尼请求他在辞职之前把对太阳公司的建议写下来。

努顿答应了，他写了一份长达 12 页的建议书，并亲手把它交给了曼克尼。在建议书里，努顿指出，太阳公司的用户界面太枯燥，公司应该专注地研究一种视窗技术。不只是曼克尼，太阳公司其他高级管理人员都很认真地阅读了努顿的这份建议书，认为他的提议一针见血。他们想方设法留住了努顿，任命他为高级工程师，并要他和一个名叫高斯林的人负责代号为"绿色"的项目。

努顿和高斯林希望设计出一个在任何地方都能运行的小巧、简单的软件系统，研制出可以控制常用家电的装置。1991年，他们设计出新的程序语言"Oak"（橡树）。不久之后，他们又推出了用来运行这一软件的硬件——装着电池的小盒子。他们兴致勃勃地将这个小盒子拿给曼克尼看，曼克尼非常满意。

太阳公司为了努顿等人的小盒子专门成立了子公司。该公司和日本的三菱、法国电讯洽谈合作，遗憾的是，它们都对这个新产品缺乏兴趣。直到1994年，太阳仍没有找到理想的合作对象，也许是Oak的设计理念太超前了，人们迟迟不愿意接受它。

这时太阳的首席技术官埃瑞克·施密特萌生了一个念头："为什么不试试将Oak和因特网结合起来呢？"于是，太阳公司改进了Oak，还给它起了个新名字"Java"。之后太阳通过因特网免费将Java发放给少数几个人试用，比如网景的创始人安德森。安德森对这项技术赞不绝口，还在硅谷最大的报纸《圣何塞新闻》上发表了赞赏它的言论。

Java一炮走红。1995年5月，Java正式对外宣布，十分看好网景公司，因此果断买下了它的执照，此后不过几个月的时间，就有数百万台联

网的电脑拥有了支持 Java 的浏览器。Java 的诞生对计算机软件开发和软件产业产生了深远的影响，同时它也给太阳公司带来了巨大的利润。

产品没有预期的那样受大众欢迎并不代表它一无是处，也许稍稍做些改变，它就会成为改写整个行业历史的革命性产品，并给创造它的人带来成功。

【点评】

"借尸还魂"在政治、经济、军事、外交甚至文化领域运用甚广，尤其是在历史上经常出现这样一种情况：在一个朝代的末期，反抗者总会首先扶植一个前朝亡国之君的后代，以他的名义来号召天下。这就是典型的借尸还魂。在此计中，"借尸"只是手段，"还魂"才是目的。所以"借尸"时还需注意一点，"尸体"的灵魂仍在，即必须具有一定的影响力和号召力，否则时间过得太久，早已被人们遗忘了，以至于响应者寥寥无几，也就达不到目的了。

第十五计　调虎离山

【原文】

待天以困之①，用人以诱之②。往蹇来返③。

【注释】

①待天以困之：指在战场上，我方等待自然条件或情况对敌方不利时，再去围困它。天，这里指天时、气候，也包括地理环境。

②用人以诱之：用人为的假象去引诱敌方使其就范。

③往蹇来返：语出《易经·蹇》："蹇，难也，险在前也，见险而能止，知矣哉。"意思是往前走危险，就返身离开。

【译文】

等到自然条件对敌人不利时再去围困它，用人为的假象去引诱调动敌人。向前进攻有危险时，就要设法使敌人反过来攻打我。

【计名讲解】

　　"调虎离山"一语出自《管子·形势解》："虎豹，兽之猛者也，居深林广泽之中则人畏其威而载之。人主，天下之有势者也，深居则人畏其势。故虎豹去其幽而近于人，则人得之而易其威。人主去其门而迫于民，则民轻之而傲其势。故曰：'虎豹托幽而威可载也。'"意思是说：虎豹是兽类中最威猛的。当它们居住在深山大泽中时，人们就会因惧怕其威风而敬畏它们。君主是天下最有势力的人，如果深居简出，人们便会害怕他的势力。虎豹若是离开它们居住的深山大泽而走近人类居住的地方，人们就可以将它捕捉使它失去原来的威风。做君主的若是离开王宫的门而与普通的人混在一起，人们就会轻视他而以傲慢的态度看待他。所以说，虎豹只有不离开它们居住的深山幽谷，其威风才会使人感到畏怯。这里虽然尚未使用"调虎离山"一语，但已经包含只有将老虎调离深山，才能将其制服的意思。后来在民间文学作品中便逐渐出现了"调虎离山"的说法。

　　调虎离山的本义是设法使老虎离开山岗，其比喻为了便于行事，设法诱使对方离开原来的地方。老虎是兽中之王，又占据了对它来说属于有利地形的大山，必然横行无忌，难以捕获。然而，再凶猛的老虎，一旦失去了高山密林作为倚仗，也会威势大减，很容易受到攻击，也很容易被制服。这就是俗语说的"虎落平阳被犬欺"。因此，要想捕捉老虎，就要引诱它离开大山。

　　此计作为一种军事计谋，是指有目的地调动敌人并将其消灭的谋略。调虎离山之计的核心就在一个"调"字。"虎"是指敌人,"山"是指敌人占据的有利地形或指其凭借的有利条件。《十一家注孙子》中说:"兵得地者昌,失地者亡。地者,要害之地。"在两军对峙中,当敌方占据了有利地形,兵力众多,防范严密时,我方应设法引诱敌人离开有利地形,或使其失去有利条件,然后展开包围或袭击,这些都可以视为调虎离山之计的具体应用。

● 调虎离山

等待天时对敌方不利时再去围攻它,用人为的假象去诱骗它。向前进攻有危险,那就设计让敌人反过来攻击我方。此计是一个调动敌人的谋略,调动敌人脱离良好的阵地,就会使敌人化强为弱。

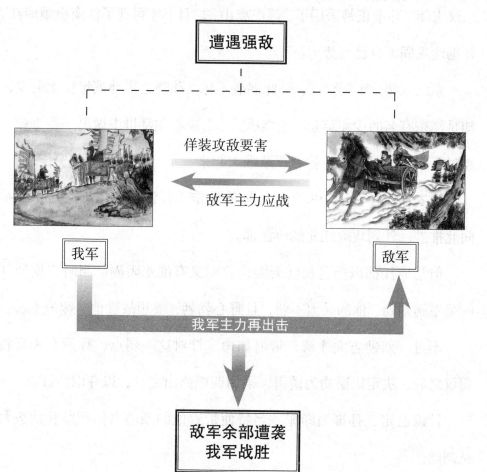

实用谋略

孙策占领庐江

如果敌方占据了有利的地势，并且兵力众多，这时我方应把敌人引出坚固的据点，或者把敌人引入对我方有利的地区，才可以取胜。东汉末年，孙策正是采用了"调虎离山"之计，才得到了江南重镇庐江，并据此巩固了自己的势力。

东汉末年，军阀割据，彼此混战不休。孙坚之子孙策年仅十七岁，却是江东有名的少年英豪，他继承父志，决心在乱世中做出一番事业。经过不断拼杀，孙策的势力逐渐强大起来。

建安四年（公元 199 年），孙策平定了长江以南诸郡之后，又欲向北推进，计划攻取江北的庐江郡。

但是庐江郡以南是长江天险，北面又有淮水阻隔。当时占据庐江的是军阀刘勋，他的兵力不弱，且野心勃勃，要想战胜他，殊为不易。

不过，刘勋志大才疏，嗜财如命。针对这一弱点，孙策在和众将商议之后，决定以财物为诱饵，采用调虎离山之计，以夺取庐江。

计议已定，孙策当即派一名特使带着他的亲笔书信和厚礼前去拜见刘勋。

使者对刘勋说："我们素来对太守十分敬仰，愿意与太守交好。眼下上缭经常派兵侵扰江南各国。我们势单力弱，无法远征，因此，特备礼上书，请求太守发兵征伐上缭。如果太守肯出兵，将是对江南弱国的莫大恩惠，我们感激不尽，愿倾力支援太守。"说完即献上书信和厚礼。

刘勋见到厚礼，心中大喜，又见孙策在信中把他大肆吹捧了一番，夸他声名远播，所以心里更加得意了。更何况，刘勋早就听说上缭乃殷实富庶之地，占领了上缭就意味着有丰厚的收获。他其实对上缭觊觎已久，只是觉得有后顾之忧，因此一直没有采取行动。现在他见孙策软弱无能，便打消了顾虑，当即同意出兵上缭。

刘勋的部属刘晔极力劝阻道："上缭虽然地方狭小，但城坚池深，易守难攻，短时间内难以攻克。我看这是孙策所施的'调虎离山'之计，等大军都调出去之后，他就会乘我们内部空虚，发动突然袭击，到那时，庐江郡很可能就保不住了。"

但是，刘勋目光短浅，刚愎自用，早已被孙策的奉承和厚礼迷惑了神志，不听刘晔劝告，坚持出兵讨伐上缭，庐江城剩下的只有一些老弱残兵。

孙策密切监视着刘勋的动向，见他率几万主力远征上缭，城内空虚，遂亲率大军，水陆并进，偷袭庐江，一路上几乎没有遇到什么抵抗就顺利地攻下了庐江。

刘勋猛攻上缭，却始终不能取胜，正在这时，突然传来消息，说庐江失守，刘勋这才知道中计，却是悔之晚矣，也无心再战。于是，这只丢了窝的"虎"只能带领人马灰溜溜地投奔曹操去了。

从此，孙策占据了整个江东地区，为吴国的建立奠定了基础。

虞诩调虎离山平羌乱

调虎离山计，用在军事上，是一种调动敌人的谋略。它的核心在于一个"调"字。如果敌方占据了有利地势，并且兵力众多，防范严密，此时我方不可硬攻。若硬攻，纵使攻得进去，也只是白白送死。虞诩进攻羌人的时候，充分认识到形势的凶险，因此采用了调虎离山之计。

东汉末期，北边羌人发生叛乱。元初二年（公元115年），羌人攻打武都（治所在今甘肃成县西）。此时，东汉朝廷正由邓太后临朝，代十三岁的汉安帝处理政事。眼看羌人将要攻陷武都，并有继续南下的意图，于是邓太后立即任命素有将略的虞诩出任武都太守，并在嘉德殿接见了他，给予他很厚的赏赐。

虞诩接到任命后，亲率三千兵马前往武都。羌军早就听说虞诩十分厉害，这时又得知朝廷正派他前来征讨，所以感到很紧张。羌人首领便率领几千人马，在陈仓（今陕西省宝鸡东）道上的崤山山谷（大散关）凭险设防，计划在这里拦截虞诩的军队。虞诩走到半路，听说羌人在崤山驻下重兵，防备严密，于是立即命令随行人马停止前进，并且宣称已上奏朝廷请兵增援，要等援军赶来之后，再一起发起进攻。羌人听到这

一消息，被虞诩的计谋所迷惑，认为虞诩暂时不会向羌人发起攻击，因

此肆无忌惮地分头到邻近的县城去抢掠，而只留下少数羌军在崤谷驻守。虞诩见羌人放松了警惕，立即下令将士们日夜兼行百余里，并且命令士卒每人挖两个灶坑。以后每人每天再增挖两个。羌人见灶坑的数量天天增加，都以为是汉军的援兵赶来了，所以不敢逼近他们。

军中有人不明白虞诩的意图，于是向他询问："当初孙膑减灶，如今您却增灶，况且兵法上说每日行军不超过三十里，如今您日夜兼程，急行军二百里，这是什么缘故呢？"虞诩回答："我军人少，增加灶坑是为了迷惑敌人；急行军二百里，那是让敌人难以发现我军的行踪。"（《后汉书·虞诩列传》）。周围人听了虞诩这番话，连连点头称是，佩服虞诩用兵有方。

果然，羌人误以为朝廷援军已到，自己的力量又已经分散，所以不敢轻易出击。虞诩顺利地通过崤谷，转入外线作战，羌人在时间和空间上都转入被动。不久，虞诩平定了羌人的叛乱。

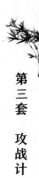

诸葛亮调虎离山败曹魏

要想成功地将"虎"调出"山"，就要准备出足够诱人的诱饵。

公元 234 年，诸葛亮率 34 万大军讨伐魏国，魏国则派司马懿为大都督领 40 万军迎击。两军在渭水之滨严阵以待。双方都知道对方是不容小觑的对手，因此都不敢掉以轻心。诸葛亮在祁山排兵布阵，司马懿则将大军屯在了渭水之北。出征之前，魏明帝曾嘱咐司马懿到了渭水之畔后，最好坚守壁垒，不要轻易和蜀军交战；蜀军见魏军只守不攻，一定会假装撤退引诱魏军，因此，魏明帝要司马懿万万不可盲目追击，蜀军的粮草耗尽后，自然会撤走，到那时再趁机攻打他们。

司马懿听从了曹睿的建议，和蜀军打了几场小仗后，就挖沟造垒，只守不攻了。诸葛亮见此情况，非常焦急，蜀军远道而来，粮草有限，不能长时间地和魏军对峙下去。于是诸葛亮将计就计，他特意高调地下达了分兵屯田的命令，要求士兵和当地百姓一起就地生产军粮。此举无异于向司马懿传递一个信息：蜀军已经想到了解决粮草问题的办法，蜀军做好了和魏军打持久战的准备。

司马懿知道后，不由得担心起来。而诸葛亮则一不做二不休，他研制了方便长途运送军粮的木流牛马，要士兵带着它往来穿梭，以便给敌人造成蜀军不愁没有粮草的假象。他还命令士兵在山上虚搭窝铺草营，装成和百姓一起屯田的样子，引诱魏兵过来劫营。而司马懿果真动了劫营之心，很想一把火将蜀军的粮草烧光，逼蜀军退兵。不过，由于担心诸葛亮设下埋伏，司马懿一改过去让主攻部队走在前面的做法，让部将在前面冲锋，负责吸引蜀军主力出营，而自己则领大军在后面支援，趁蜀军主力被吸引走的工夫，烧掉蜀军的粮草。

然而，诸葛亮早就揣测到司马懿的心思。当他看到魏军袭击蜀军大营时，立即意识到这是司马懿的佯攻之计。他赶忙命令士兵虚张声势，奔走呐喊，就好像真的调动主力迎击魏军一样。与此同时，诸葛亮却命一队精兵趁司马懿举大军来烧粮草的时候，偷袭司马懿的"后院"。

蜀军干净利落地夺了魏军的营地，司马懿及其所领军队杀了好一阵才发现自己上了当，他们被蜀军引入山谷，中了埋伏，一时间利箭如雨点般从山谷两边射了下来。魏军大乱，想要逃跑，不想其周围尽是蜀军搭建好的草房。蜀军将草房点燃，魏军顿时陷入一片火海。若不是突然下起了雨，司马懿自己也性命难保。

诸葛亮利用司马懿求胜心切的心理，成功地将他这只"虎"调出了山，取得了这场战役的胜利。

商业案例

范旭东调虎离山智斗"卜内门"

在遇到强敌时，不妨采取调虎离山的办法，迫使对手将注意力投往他处，从而使其停止或减轻对己方的攻击。

第一次世界大战爆发后，"洋碱"输入中国的数量大幅减少，中国市场上的碱出现稀缺。原本从事盐业生产的企业家范旭东见机会难得，遂于1918年成立了中国第一家制碱企业"永利制碱公司"。然而永利的成立却引起英国卜内门公司的极大不快。在相当长的一段时间里，中国的碱市场都被卜内门公司垄断着，现在中国人有了自己的制碱企业，洋人独霸中国碱市场的日子结束了。这让卜内门心里十分不甘，它不想和永利共同分享市场。因此，卜内门调来大批纯碱，以低于原价 40% 的价格在中国市场倾销，企图抢走永利的市场。

面对咄咄逼人的卜内门，范旭东不想坐以待毙，决定予以还击。但永利成立的时间不长，市场占有率有限，远不如卜内门财大气粗。这意味着永利不可能也用倾销的办法来对付卜内门。如果永利不顾自身情况盲目调低产品价格，用不了多久，就会面临财务危机。但如果永利拒不降价，产品就卖不出去，资金无法收回，用不了多久，也会悲惨破产。

范旭东陷入了深思。

一天，范旭东在书房做事，无意中看到自己留学日本时的照片。原来，范旭东早年曾参加戊戌变法，变法失败后为避免被清政府迫害，他东渡日本，在日本学习了一段时间。看到这张照片，回想起往日情景，范旭东突然有了灵感："为什么不避开卜内门的锋芒，远赴日本呢？"一方面，永利的建立就是利用了西方制碱企业因第一次世界大战无暇顾及东方市场的时机，那么现在永利大可以"故技重施"。另一方面，日本又刚好是卜内门在远东的重要销售地，一战刚刚结束，卜内门还没有完全恢复生产，其销往远东的碱本来就没有多少，为了对付永利，卜内门一下子在中国倾销了大量的碱，其投入日本的碱产品必然减少。此时的日本一定非常需要碱。而对永利来说，去日本发展，一可以开辟新市场，缓解眼下的危机；二还能调虎离山，通过抢占卜内门在日本的市场份额，迫使卜内门将注意力从中国市场转移到日本市场，无暇兼顾在中国的竞争对手。

虽然永利销往日本的纯碱数量只占卜内门公司在日本销量的1/10，却让卜内门不敢小视。为了保住日本的大市场，卜内门停止了对永利的攻击，主动要求和永利进行谈判。调虎离山之计不但帮助范旭东解决了危机，还让他拥有了和对手讨价还价的筹码。范旭东遂向卜内门提出要求，从今以后卜内门必须在争得永利的同意后，才能在中国市场变动碱价，卜内门只得同意。

【点评】

《孙子兵法》已经告诉我们：攻城为下。而不顾一切地攻城终将以失败而告终。当敌人已经占据了有利地形，并做好了充分准备时，我军千万不可直接争地，应该巧妙地用小利将敌人诱离坚固的防御地区，而引诱至对我军有利的地区，然后我方就可以变被动为主动。

调虎离山主要有两种方法：一是引诱敌人离开防御严密的据点；二是将敌人引诱至我军的次要方向，以减轻其对我正面战场的压力。

大致说来，调虎离山可以分为以下几种方式：

一、如果敌方较为明智，尽量晓以利害或大义，使其自动退让。此为上策，也是理想状况，不过多数情况下较难实现。

二、诱之以利。

三、用虚虚实实的办法扰乱敌人的视线，使其漫无目的地四处奔走，然后伺机将敌人引诱至对其不利的地形中。

四、巧妙地激怒敌人，使其丧失理智，轻举妄动，最终落入我军的圈套。

五、在敌人内部或外部制造祸害，使其为了自保而自动逃离。

总之，调动敌人一定要审时度势，因势利导，做到巧妙灵活，千万不可被敌人看出形迹。

在现代商业活动中，自己与对手争夺同一块市场，如果无法协商解决，就可以考虑攻击对手的另一处市场，使其首尾难以兼顾，或分散对手投注在此处的精力，迫使对手作出让步或者己方乘虚而入，以达到抢占市场的目的。

在体育竞技中，比赛双方都希望能在主场作战；在商业谈判中，人们都会争取在己方场地与对手谈判，这样就不必分心去熟悉或适应环境，而将全部精力都集中在谈判上。而且拥有了主场优势，遇到情况可以及时进行汇报并得到反馈，而对方"客场作战"，不能不更加注重礼仪，也不好过分逼迫主人，此消彼长之间，己方就在心理和气势上都占了上风。因此，谁能将对手调离其熟悉的环境，谁就争取到了主动权。

第十六计　欲擒故纵

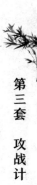

【原文】

逼则反兵，走则减势①。紧随勿迫，累其气力，消其斗志，散而后擒，兵不血刃②。需，有孚，光③。

【注释】

①逼则反兵，走则减势：将敌人逼迫得太紧，它就可能拼死反扑；如果让其逃跑，则可以减削它的气势。走，跑。

②兵不血刃：兵器上没有沾血。形容未经战斗就轻易取得了胜利。

③需：指《易经》中的"需"卦，这里是耐心等待而不进逼敌人之意。有孚：这里指让敌人相信。光：光明，这里指战局前途光明。

【译文】

如果将敌人逼得太紧，它就可能拼命反扑；如果让敌人逃跑，则可以削减它的气势。对逃跑之敌要紧紧跟随，但不要过于逼迫，以此来消耗其体力，瓦解其斗志，等敌人士气低落、军心涣散时再去擒拿它，这样就可以不动刀枪，避免不必要的流血牺牲。总之，不过分逼迫敌人，并使其相信这一点，就能使战局前途充满光明。

【计名讲解】

此计名最早源于《老子》第三十六章："将欲歙之，必固张之；将欲弱之，必固强之；将欲废之，必固兴之；将欲夺之，必固与之。是谓微明，柔弱胜刚强。"意思是：想要收敛它，就一定要先兴盛它；想要削弱它，就一定要先使它强壮；想要废除它，就一定要先抬举它；想要夺取它，就一定要先给予它。这就是虽然微妙而又显明，以柔克刚的道理。

上面这句话体现了老子的辩证思想，后世在此基础上多有发挥。《鬼谷子·谋篇》中说："去之者纵之，纵之者乘之。"

"欲擒故纵"也写作"欲擒姑纵"，意思是为了捉住对方，故意先放开他。比喻为了更好地控制而故意放松一步。

"擒"和"纵"是一对矛盾，擒是目的，纵是方法。要想制服敌人，先要放任它，古人有"穷寇莫追"的说法，其实不是"不追"，而是要看怎样去追。因为把敌人逼急了，它必然会集中全力，拼死反扑。所以不如故意放松一步，使敌人放松警惕，松懈斗志，然后突然发动进攻，歼灭敌人。因此，欲擒故纵是一种放长线钓大鱼的计谋。

古人的按语说："所谓'纵'者，非放之也，随之，而稍松之耳。'穷寇勿追'，亦即此意。盖不追者，非不随也，不追之而已。"意思是，

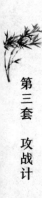

所谓的"纵",并非对敌视而不见,而是尾随其后稍松一些而已。兵书说"对溃败之敌,不要穷追不舍",也即这个意思。这里所说的不追,并非不尾随跟踪,只是不过分紧逼罢了。

● 欲擒故纵

此计是指,当敌人锐气正盛时,我方故意避战示弱,使敌人骄纵起来,放松警惕。在我方掌握主动权的情况下,要充分考虑到将要面临的困难,主动创造条件,抓住时机消灭敌人。

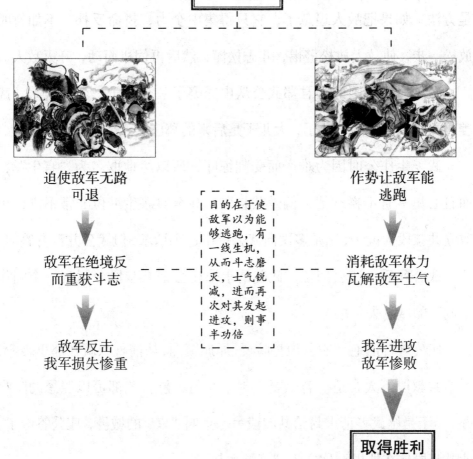

追击敌人

迫使敌军无路可退

敌军在绝境反而重获斗志

敌军反击我军损失惨重

目的在于使敌军以为能够逃跑,有一线生机,从而斗志磨灭,士气锐减,进而再次对其发起进攻,则事半功倍

作势让敌军能逃跑

消耗敌军体力瓦解敌军士气

我军进攻敌军惨败

取得胜利

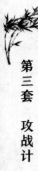

实用谋略

郑伯克段于鄢

"欲擒故纵"中的"擒"和"纵",是一对矛盾:擒是目的,纵是方法。如果把敌人逼急了,它只得集中全力,拼命反扑。不如暂时放松一步,使敌人放松警惕,斗志松懈,然后再伺机而动,歼灭敌人。

春秋时,郑国的国君郑武公从申国娶了一个女子,名叫武姜。武姜为郑武公生了两个儿子,大儿子是后来的郑庄公,小儿子叫共叔段。

武姜生庄公时因为难产而受到惊吓,所以给他取名为"寤生",而且心里一直不喜欢他,偏爱共叔段,甚至对寤生继位非常不满,想改立共叔段为世子,于是多次向武公提出这个请求,但武公并没有答应。

武公死后,庄公即位,武姜请求郑庄公把共叔段分封到一个叫作"制"的城邑去。

庄公婉言拒绝:"制邑地势险要,原属虢国,从前虢叔就在那里丧命,封给共叔段不太合适。若是要求封给其他城邑,我都可以照您的吩咐办。"于是她武姜请求封给共叔段另一个叫"京"的城邑,庄公答应了,让共叔段住在那里,称之为"京城太叔"。

大夫祭仲知道后,极力劝阻:"分封的都城,其城墙如果超过三百丈长，就会成为国家的祸害。按照先王所订立的制度，国内最大的城邑不能超过国都的三分之一，中等的城邑不能超过国都的五分之一，小的城邑不能超过国都的九分之一。现在，京邑的城墙不合法度、不合礼制，您的利益将会受到损害。"

庄公说："母后执意如此，我又怎能推却呢？"

祭仲回答："姜氏哪里会有满足的时候？必须及早处置，不能让祸根滋长蔓延，一旦滋长蔓延就很难办了。蔓延的野草尚且很难铲除干净，何况是您那备受宠爱的弟弟呢？"

庄公却只说了一句话："做多了不义的事情，必定会自取灭亡，你姑且等待吧。"

共叔段被封在京邑后，十分得意，仗着有武姜做后盾，觉得庄公对自己无可奈何，便肆意妄为。

过了不久，太叔段使原来属于郑国的西边和北边的边邑归附自己，让这两座城邑同时向两方交纳贡赋。这一举动明摆着没把郑庄公这个国君放在眼中。

公子吕对郑庄公说："一个国家不能有两个国君，现在您打算怎么办？如果您打算将郑国交给太叔（共叔段），那么我请求去服侍他；如果不给，那么就请您设法除掉他，不要让百姓们心存疑虑。"

庄公说："不用管他，他这样下去自己会遭受灾祸的。"

共叔段见郑庄公没什么作为，胆子越来越大，拼命扩张自己的势力，又把两处地方改入自己统辖的范围。这样一来，他的领地一直扩展到廪延（在今河南延津北）。

公子吕十分着急，又去求见郑庄公，说："现在可以行动了！共叔段的土地越来越大，如果现在还不动手，继续放任下去，他将得到百姓的拥护，到时候恐怕难以制服。"

庄公从容地说："对君主不义，对兄长不亲，这样的人即使土地扩大了，最终还是会垮台的。"

共叔段一步一步做好了谋反的准备：他集结兵力，修整城郭，征集了充足的粮草和战车，修缮了武器盔甲，准备偷袭郑国国都。

武姜和共叔段约定了起事日期，到时武姜打开城门做内应。

庄公探知了共叔段起兵的日期，他等的就是这一刻，于是果断地说："现在可以出击了！"

庄公假称自己出行去朝见周天子，暗地里却命令子封率领二百辆战车秘密攻打京邑。

共叔段毫无防备，等他得到消息时，郑庄公已经兵临城下。京邑的人民早就知道共叔段的不义行径，都背叛了他，共叔段只能仓皇逃到鄢城。郑庄公又率军追到鄢城。共叔段众叛亲离，无处容身，只能远远地逃往共国。

共叔段仗着母亲的宠爱和纵容，早有谋反夺位之心，而且其行为嚣张狂妄，郑庄公怎么可能不知？从历史事实来看，郑庄公老谋深算，他怎么会不介意母亲之前多次请求立弟弟为国君之事，又怎么可能容得下这种野心勃勃的弟弟？

只是事情一开始，共叔段的野心尚未完全显露，又有母亲的庇护，庄公故意满足共叔段的欲望，正是为了让他骄横自满，胡作非为。

朝中大臣虽然多次建议庄公采取行动，但彼时共叔段的反叛行为尚不明显，轻易出兵讨伐，师出无名，还可能落下欺侮亲弟的不义名声。

直到共叔段主动起兵造反，罪行暴露无遗，民众离心，失道寡助，郑庄公才果断采取行动，一举平叛，显得自己仁至义尽。

《春秋》记载国君攻打臣子，一般都会用"伐"字，以显示其行动的正义性。而郑庄公对自己的亲弟弟失于教导约束，甚至故意纵容他胡作非为，这一招"欲擒故纵"就是为了将其彻底铲除。所以《春秋》中记载："郑伯克段于鄢。"只用了一个"克"字，就将作者对庄公的责难蕴于其中，这正是著名的"春秋笔法"。

七擒七纵

诸葛亮七擒孟获的故事，可谓家喻户晓。在这个故事里，诸葛亮为了彻底使南蛮各部归顺蜀国，便采用了"欲擒故纵"之计。南蛮首领孟获终于为诸葛亮的诚意所感动，诚心诚意地臣服于蜀国。

三国时期，趁着吴、魏交兵，无暇觊觎蜀汉之际，诸葛亮于黄初六年（公元 225 年）南下平定雍闿等人的叛乱。出兵之前，诸葛亮向马良的弟弟马谡征求意见，马谡建议："南中的人仗着当地地形险恶，早已怀有不臣之心。就算今天被打败，明天还会再反叛。一旦您北伐强敌，国内空虚，他们就会迅速反叛。将他们赶尽杀绝，既是残暴不仁的行为，也不是短时期内所能办到的事情。因此，您此次出兵应当以使他们心服为目标，所谓'攻心为上，攻城为下；心战为上，兵战为下'。"

带着这一建议，诸葛亮亲自率领军队向南中地区出发了，并顺利击败雍闿、高定。就在蜀军准备撤兵之际，西南夷酋长孟获纠集被打散的残余人马，继续对抗蜀军。

考虑到将来的北伐大计，诸葛亮认为必须彻底解决这个后顾之忧。诸葛亮知道孟获不但性格坚毅、作战勇敢，而且待人忠厚，在南中一带颇有威望，当地的汉人中也有不少是非常钦佩他的。考虑到之前马谡的建议，诸葛亮决定将孟获争取过来，把他变为自己的盟友，于是下令务必将其生擒活捉。

蜀军主力在泸水（今金沙江）附近的山谷中埋下伏兵，然后诱敌出战。孟获虽然作战勇猛，但不懂兵法和谋略。眼见蜀军败退，孟获以为对方不敌，便轻率地追了上去，结果闯入伏击圈内被生擒。

按说擒拿敌军主帅的目的已经达到，只要乘胜追击，自然可以大破敌军。诸葛亮为了彻底收服孟获，让他心悦诚服，然后使其主动请降，以便真正稳定南方；不然就算一时打了胜仗，南方各部落仍然不会停止侵扰。于是诸葛亮断然下令释放孟获。

本来孟获被俘后，认为自己必死无疑，因此对自己说：就算死也要死得像个好汉，不能丢人。谁知诸葛亮不仅没杀他，还亲自给他松绑，并好言劝他归顺。

但孟获对这次失败感到非常不服气，便傲慢地拒绝了。诸葛亮也不勉强他，反而陪他参观自己的军营，还特意问他："你觉得这军营

布置得怎么样？"

孟获从头到尾都看得很仔细，发现军营里都是一些老弱残兵，于是得意地笑了，很直率地说："我以前是不知道你们的虚实，所以才会兵败被抓。现在看了你们的军营，原来也不过如此嘛。如果你放我回去，我肯定能够很轻松地打赢你。"

诸葛亮听了他的话，也不作解释，只是笑了笑，当场就把孟获给放回去了。诸葛亮猜到孟获今晚会带人来劫营，因此早早地布好了埋伏。

孟获回去后，兴高采烈地对手下人说：蜀军净是些老弱残兵，不足为惧，而且蜀军军营的布置情况他也已经看清楚了，根本没什么了不起；今夜三更时分前去劫营，一定能逮到诸葛亮。

当天夜里，孟获从军中挑选了五百名刀斧手，悄悄地摸进了蜀军大营，一路上非常顺利，完全没有遇到阻挡。孟获暗暗高兴，以为成功在望，却见到蜀军伏兵突然从四面杀出，结果当场被擒住。

诸葛亮问孟获服不服，孟获自然不服，于是诸葛亮又放了他。

孟获接连被擒，不敢再鲁莽行事。他回营后便带领所有人马退到泸水南岸只守不攻，并下令拖走所有船只，以阻止蜀军渡河。

蜀兵到了泸水以后，没有船不能渡河，加上天气酷热，的确对士气造成了不小的打击。诸葛亮下令赶制了一些木筏和竹筏，派少量士兵佯装渡河；当他们渡到河心时，对岸就会乱箭飞射，于是趁势后退，然后再去渡河，这样就分散了孟获的注意力。同时将大军分成两路，分别绕到泸水上游和下游的狭窄处，趁其不备偷渡过河，并袭击了孟获的粮仓，还包围了孟获据守的上城。

孟获大怒，要严惩军士，激起了手下人的反抗。他们相约投降蜀军，趁孟获不备将其绑了起来，送到了蜀军军营。

孟获说自己是被手下人暗算，不是被诸葛亮亲手抓住，仍然不服。于是诸葛亮再次饶过他，设宴款待他之后又将他释放。

孟获三次被擒，又三次被释，蜀军将士中有人对诸葛亮这种反复释放敌酋的做法不理解，认为他对孟获太过仁慈宽大了。

诸葛亮解释说："要想彻底平定南方，就必须重用孟获这样的人。如果他能心悦诚服，就能帮助我们约束当地人，这样一来甚至能抵得上十万大军。你们虽然现在要辛苦一些，但以后就不必再来这里打仗了。"

以后孟获又施了许多计策，但都被诸葛亮一一识破，四次被擒，四次被释放。其间，孟获还把南蛮各部族首领邀来共同对抗蜀军，结果被一网打尽，最后诸葛亮又把他们尽数释放回去。

最后一次，诸葛亮火烧孟获的藤甲兵，第七次生擒孟获，又准备放了他。

孟获见自己屡屡"食言"，诸葛亮却始终宽大为怀，终于被深深地感动了。他不愿意再走，流着眼泪真诚地说："丞相七擒七纵，待我可说是仁至义尽。我从心底里敬服，从今以后，绝不再反。"

诸葛亮平定南中后，准备率兵返回成都，临走之前，他并没有留下官员来治理南中，而是让孟获和各部落的首领照旧管理他们原来的地区。大家不明白这是为什么，有人问诸葛亮："我们好不容易才征服了南中，为什么不派官员来治理，反而仍旧让这些头领来管理呢？"

诸葛亮耐心地解释说："我们派官员来，只有不方便，而没有任何的好处。因为留下我们的人治理，就得留兵。留下大批兵士，粮食就会成为负担，这样不行。再说，南蛮毕竟刚刚反叛过，打过仗，难免有所死伤，自己心里本来就会有所忌惮。如果我们再留下官员治理，很可能引起他们的猜忌，又引发祸患。我们不派官吏，既不需要留下军队，又不需要运送军粮。让各部落自己管理自己，汉人和部落之间相安无事，岂不更好？"大家听了这番话，都钦佩诸葛亮设想周到。

通过"攻心"战，诸葛亮彻底平定了南方。回到成都后，解除了后顾之忧的诸葛亮一面积蓄财富，一面加紧训练人马，一心一意准备大举北伐，收复中原。

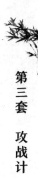

康熙擒鳌拜

要想捉住一个人不一定要在他身后步步紧逼，还可以假装放开他，待他以为没有威胁后，再对他下手。欲擒故纵之计很适合用在那些麻烦的、比自己强大的敌人身上。

康熙是清朝杰出的君主，他在位六十一年，为清朝的兴盛奠定了基础。而他即位的时候，还只是个八岁的孩子。顺治帝临终之前，留下遗诏，命四位辅政大臣帮助康熙处理国家大事。这四位大臣分别是索尼、苏克萨哈、遏必隆、鳌拜，其中鳌拜最有权势。

鳌拜仗着自己手握重兵，并不把年幼的康熙放在眼里，不时便会违逆康熙的旨意。大臣们对此都敢怒不敢言，稍稍和他意见不合，就会遭到他的迫害。康熙亲政后，鳌拜的嚣张气焰一点儿都没有收敛，还杀害了同为辅政大臣的苏克萨哈。这让康熙萌生了铲除鳌拜的念头。但是顾忌到鳌拜的权势，康熙并没有把这一想法表露出来，相反，对鳌拜，还表现得比往日更加谦恭。

康熙明白，单凭一己之力无法铲除鳌拜，便找来了自己最亲密的伙伴——索尼之子索额图，并任命索额图为御前侍卫，和索额图一起筹备对付鳌拜的事宜。他以娱乐为名，让索额图在贵族子弟中挑选出一批少年入宫担任侍卫。这些少年个个都长得矫健强壮。康熙把他们留在身边，天天练习摔跤，一连几天都不处理政事。

鳌拜对康熙的变化感到奇怪，决定到宫中探个究竟。于是，鳌拜在早朝后直奔康熙和小侍卫们一起"玩耍"的布库房。

在布库房，康熙故意用话刺激鳌拜，要鳌拜和小侍卫比试。鳌拜答应了，三两下就把小侍卫打倒在地。康熙假意奉承了鳌拜一番，鳌拜心满意足地告退出去。在鳌拜看来，康熙无非是个胸无大志的贪玩少年，根本没有扳倒朝中权臣的能力。

康熙成功地迷惑住鳌拜，不动声色地训练着少年侍卫。一段时间之后，这些少年侍卫的武功都有了很大的长进。康熙见时机成熟，便单独宣鳌拜进武英殿面圣。

骄横惯了的鳌拜不知有诈，没有一点儿戒备就去了，而他刚进入武英殿的大门就被不知从哪里钻出来的一群少年扑倒，他努力挣扎想脱身离开，却怎么也挣扎不动。就这样，权势熏天的鳌拜被擒住了。

鳌拜擅权已久，势力庞大，若和他硬碰硬地对决，即使身为皇帝也没有百分百的胜算。因此，康熙通过欲擒故纵，故意给鳌拜制造了一种假象，促使鳌拜误以为他只是个贪恋玩耍的寻常少年，从而放松了对他的戒备，也给了他扶植亲信、筹备倒鳌计划的时间。

商业案例

原一平的销售秘诀

原一平是日本最富传奇色彩的推销员，连续 15 年在日本保险业绩排行榜中排名第一。而他最擅长的销售方法，当属"欲擒故纵"。他很讨厌对着一个客户不停地说上半天话，遇到难以沟通的客户，他还会主动停止谈话，借故告辞。

有一次，原一平和一位企业家约好了时间谈保险方面的事。尽管很早就听说那名企业家很难打交道，但真的见到对方时，原一平还是有些吃惊。前台的工作人员将原一平带到企业家的办公室，原一平很有礼貌地和企业家打了招呼。但企业家只抬头看了原一平一眼，什么话都没有说，就又转头去做自己的事情了。

原一平很是尴尬。突然，他用非常大的声音喊了一句："您好，我是原一平，很冒昧打扰了您，我改天再来拜访。"

企业家被吓了一跳，大惑不解地看着原一平："您说什么？"

原一平一面站起身做出要离开的样子，一面说："我告辞了，再见！"

企业家有些不高兴了，还从来没有人这样对待过他，于是吼住了原一平："你这人怎么回事？刚一来就走，你到底想做什么？"

原一平转过身，看着企业家说："我之前听前台小姐说您很忙，就拜托她给我一分钟的时间见一见您，和您问声好。我已经问候您了，事情完成了，所以向您告辞。谢谢您，改天我再来拜访，再见！"

原一平留下了自己的名片，随后走出了企业家的办公室。

通常，对一般的客人，问候一声，留下张名片，并不会让对方把你记在心上，再说站在待人接物的角度，这样做也不大礼貌。但对付骄傲自大的客人这招非常管用。该企业家被人逢迎惯了，很少遇到像原一平这样不客气的人，因而对原一平及其拜访自己的用意充满好奇。因此，几天之后，当原一平再去拜访企业家时，企业家对他的态度和上次明显不同。他一看到原一平，就立刻站起身迎接："又是您！您这人真奇怪，前几天才来了没一会儿，什么也没说就走了。"

原一平笑了笑答："那天真是抱歉，打扰了您。"

企业家忙招呼原一平就座，不等原一平开口，就主动和他攀谈起来。原一平借机推销起保险，顺利地谈下了单子。

对原一平来说，与其追着客户不放让客户厌烦，或者被客户冷落讪讪而归，倒不如用一些"反常"的做法调起客户的胃口，让客户期待和你再度见面。按照常人的逻辑，推销员总是满脸笑容地巴结客户，而原一平偏偏反其道而行之，欲擒故纵，故意做出对客户爱搭不理的

样子，诱使客户主动向他敞开沟通的大门。

【点评】

一般来说，打仗都是以消灭敌人、夺取地盘为目的，所以说"纵虎归山，后患无穷"。

但是，在特殊情况下，纵敌也可以成为一种有效的歼敌手段。比如兵法上常说"穷寇勿追"，就是指当敌人尚未被彻底打败，还有一定的实力时，不可急于进攻。否则敌人被逼得狗急跳墙，作困兽之斗，拼命反扑，将会给我方造成不必要的损失。这时候，正确的做法是，放敌人一马，但并不是真的放过它，只是虚留生路，让敌人看到一线希望，令其斗志松懈，只想着如何保命，从而无法下定死战到底的决心，这样逐渐消耗、拖垮敌军，我军则寻机将其全歼。

诸葛亮七擒七纵孟获之事乃"欲擒故纵"之计的典型应用。诸葛亮此举绝非感情用事，他的最终目的是为了使孟获心悦诚服，永不再叛，然后就可以利用孟获在当地的影响力，稳住整个南方的局势，为将来北伐解除后顾之忧。

军事谋略有"变""常"之分。在通常情况下，抓住了敌人都不会轻易将其放走，更何况是敌军主帅，因此释放敌人主帅显然属于"变"。诸葛亮审时度势，采用攻心之计，最后终于达到了目的。

当然，纵敌须有节有度。诸葛亮之所以敢七擒七纵，是因为他在不动声色间一直将主动权牢牢掌握在手中。而历史上"当断不断，反受其乱"者也比比皆是：商纣王囚禁了周文王，却又敌不过珍宝的诱

惑放走了他，最后在鹿台自焚，被周人夺了天下；项羽不听范增劝谏，在鸿门宴上放走刘邦，最后被刘邦逼得在乌江自刎；建文帝妇人之仁，命部下不可伤害燕王朱棣，又放走了朱棣的两个儿子，最后被朱棣夺了皇位……这些都是历史上因纵敌不当而导致国破身死的血淋淋的教训，后人须谨记。

由此可见，纵敌并不是放任不管，而是战略上的必要放松，主要是防止敌人做垂死挣扎。"纵"是手段，"擒"才是目的。

施行此计时，尤其要注意以下三点：

一、敌人刚刚逃跑时，不要急着追赶，等到敌人跑得精疲力竭之时，自然能手到擒来。

二、对于自己的宿敌和潜在之敌，等养肥了再动手，便可将其势力尽数收入囊中。当然，"养"须有度，决不能坐视敌人成长为心腹之患。

三、如果敌人实力非常强大，可以先用鲜花掌声、甜言蜜语麻痹他，然后给敌人以突然一击。好话人人爱听，真正扛得住这种糖衣炮弹的少之又少，所以此计屡屡奏效，历史上不知道有多少地位高、权势大的人最后均败在了这一招下。

施行此计的人，首先应当具有宽广的胸怀和远大的目光，能够摸透对方的心理；同时，必须具有超凡的智慧和高妙的手段，方能随时将敌人轻松擒回来。

第十七计　抛砖引玉

【原文】

类以诱之^①，击蒙也^②。

类以诱之[①]，击蒙也[②]。

【注释】

①类以诱之：用类似的东西去诱惑敌人。

②击蒙：这里指诱惑敌人，然后便可打击这种受我诱惑的愚昧之人。击，打击。蒙，指《易经》的"蒙"卦。蒙的本义是事物的初始状态，这里指使敌人懵懵懂懂地上当。

【译文】

用类似的东西去引诱敌人，使敌人懵懵懂懂地上当受骗。

【计名讲解】

"抛砖引玉"，出自《传灯录》。《传灯录》中记载了一个故事：相传，唐代诗人常建听说赵嘏要去游览苏州的灵岩寺。为了请赵嘏作诗，常建先在庙壁上题写了两句，赵嘏见到后，立刻提笔续写了两句，而且比前两句写得好。后来文人称常建的这种做法为"抛砖引玉"。

北宋释道原《景德传灯录·卷十·赵州东院从稔禅师》说："大众晚参，师云：'今夜答话去也，有解问者出来。'时有一僧便出，礼拜。稔曰：'比来抛砖引玉，却引得个墼子（墼指的是没有烧的砖坯）。'"

"抛砖引玉"的本义是抛出砖去，引回玉来，后来比喻用自己不成熟的意见或作品引出别人更好的意见或好作品。此计用在军事上，指的是用相类似的东西去迷惑、诱骗敌方，使其落入我方事先设好的圈套之中，然后伺机粉碎敌人。在这里，砖和玉是一种形象的比喻："砖"喻指小利，即诱饵；"玉"喻指作战的目的，即大的胜利。"引玉"，才是最终的目的；"抛砖"，是为了达到目的而采取的手段。这就好比钓鱼需用钓饵，先让鱼儿尝到一点儿甜头，它才会上钩；把小的利益抛给敌人，使其得到一点儿好处，占了一点儿便宜，敌人就会放松警惕，才会误入我方事先设好的圈套，从而一举将敌人消灭。

第三套 攻战计

古人的按语说："诱敌之法甚多，最妙之法，不在疑似之间，而在类同，以固其惑。以旌旗金鼓诱敌者，疑似也；以老弱粮草诱敌者，则类同也。"

按语的意思是：迷惑敌人的办法有很多，最好不要使用似是而非、引人起疑的办法，而是要用同类相似的方法，用以加深敌方的错觉。

凡是以旗帜招展与锣鼓齐鸣的办法来迷惑敌人的，是疑似之法；凡是用老弱残兵和粮食柴草迷惑敌人的，才是类同之法。

● 抛砖引玉

指的是用类似的事物去迷惑敌人，使敌人懵懂上当。此计出自《传灯录》，传说唐代诗人常建听说赵嘏来到苏州，断定他一定会去灵岩寺，于是就在寺前写下两句诗；赵嘏看到后，就在后面续了两句，完成一首绝句，而且后续的比先前的两句要好。所以后人称常建的做法为"抛砖引玉"。

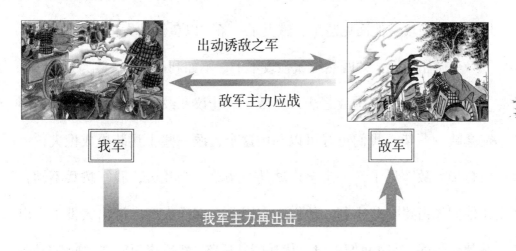

实用谋略

楚国轻取绞城

抛砖引玉，即用相类似的事物去迷惑、诱骗敌人，使其懵懂上当，中我圈套，然后乘机击败敌人的计谋。春秋时期，楚国轻取绞城，用的正是抛砖引玉的计谋。

公元前 700 年，楚国发兵攻打绞国（在今湖北郧县西北）。

楚军兵势强大，行动迅速，很快就兵临城下。绞国见楚军士气旺盛，自知出城迎战肯定凶多吉少，于是决定坚守不出。

绞城地势险要，易守难攻，楚军的多次进攻均被击退。两军就这样相持了一个多月。

楚国大夫莫傲屈瑕在仔细分析了双方的情况后，认为绞城只可智取，不可硬攻。他面见楚王，献上了一条"以鱼饵钓大鱼"的计谋。

莫傲屈瑕说："既然绞城强攻不下，不如利而诱之。"

楚王向他询问诱敌之法，莫傲屈瑕建议，绞城被围月余，城中必定会缺少薪柴，我们正好可以利用这个，派一些士兵装扮成樵夫，上山打柴。敌军见了，一定会出城劫夺柴草。头几天，我军按兵不动，让他们先占得一些小利。他们必定因此而麻痹大意，派出大批士兵出城劫夺柴草，到时我们先设下伏兵断其后路，然后聚而歼之，乘势夺城。

楚王认为此计虽好，但绞国不一定能够上当。莫傲屈瑕说："大王放心，绞国虽然小，但是轻敌躁进。轻敌躁进就会少虑寡谋。现在我们主动送上香甜的钓饵，不愁它不乖乖上钩。"

楚王于是依计行事，命一些士兵装扮成樵夫上山打柴。

绞侯听探子报告说，有樵夫进山，忙问这些樵夫周围是否有楚军保护。

探子说，他们都是三三两两进山，身边并无兵士跟随。

绞侯立刻布置人马，等这些"樵夫"背着柴火从山中走出时，突然发动袭击，顺利得手，抓了三十多个樵夫，夺得了不少柴草。

一连几天，绞军频频出动，收获颇丰。既然有利可图，又不见楚军出动，出城劫夺柴草的绞国士兵越来越多。楚王抛出的诱饵已经被敌人吞下，便决定及时收杆，逮到这尾大鱼。

第六天，绞国士兵仍然像前几天一样大摇大摆地出城劫掠。"樵夫"们见绞军来劫掠，顿时吓得没命逃奔，绞国士兵穷追不舍，却在不知不觉中被引入了楚军早已设下的埋伏圈中。霎时间，伏兵四起，杀声震天，绞国士兵本来战斗力就不如楚军，加上毫无防备，哪里抵挡得住，慌忙之余，只想后撤，却早已被伏兵断了归路，结果死伤无数。

趁此机会，楚王迅速派兵攻城。绞侯这才知道自己中了计，但已经无力抵抗，只得主动开城投降。

楚军巧用"抛砖引玉"之计，轻轻松松拿下了之前久攻不下的绞城。

芒卯救魏

战国时，诸侯之间既互相攻打，又随时因利益而结盟，时分时合，混战不已。秦国与赵国结盟，相约一起攻打魏国。秦国还许诺，打败魏国后，就将原属于魏国的邺城（今河南河阳）割让给赵国。

魏国两面受敌，上下均十分恐慌。魏王急忙召集群臣商议对策，但急切间大家谁也拿不出妥善的办法。最后，一个名叫芒卯的人对魏王说："大王无须为此事忧虑。秦、赵之间素来不和，现如今他们暂时联合起来，不过是为了瓜分我魏国的领土，扩大自己的地盘和势力。所以，我们只要主动让赵国尝点儿甜头，它自然会断绝与秦国的联盟关系。"魏王一边听，一边连连点头称是。

按照计划，魏王派张倚出使赵国。张倚见到赵王，说："如今大王与秦国联手攻打我国，无非是为了邺城。反正邺城早晚都要失陷，魏王素有仁爱之心，为了使两国百姓免遭战争之苦，于是决定不动干戈就将邺城献给大王，请大王接纳。"

不用一兵一卒，就能白白得到邺城，赵王当然非常高兴，又问张倚："如果寡人接受了这份礼物，那魏王有什么期望呢？"

张倚答："魏、赵两国一直维持着友好的关系，而魏、秦之间素来互相视为敌人。而且秦国乃虎狼之国，请大王仔细权衡其中的利弊。如果您想与魏国结好，请大王断绝与秦国的联盟关系，然后就可以得到邺城。不然的话，魏国即使拼到城毁人亡，也誓将与敌人血战到底。"

赵王当夜便召来群臣商议此事，经过一番讨论，最后决定接受邺城，便宣布与秦国断交。芒卯计策的第一步——"抛砖"已获成功。

赵国与秦国断交后，就准备兑现当初与魏国的协议。赵王派了一支部队前去接收邺城，而守城的主将正是芒卯。他对领兵的赵国将领说："我奉魏王之命在此守城，怎么可能将城池拱手出让呢？张倚哄骗赵王说要把邺城献给赵王，这是张倚的罪过，跟我没关系，你还是去找张倚吧。"赵国大将没有办法，只好退兵。

听了将领的回报，赵王才意识到上了魏国的大当。而秦王正在因赵国擅自毁约之事而恼怒不已，于是四处联络，准备联合魏国攻打赵国。

赵王听到风声后，惊慌失措，惶惶不可终日，但又想不出对策，在走投无路的情况下，只能决定将赵国的五座城池割让给魏国，来换取魏与自己联手共同抗秦。

在这则故事中，魏国玩了一招"无中生有"，结果靠着抛出的空"砖"引来了真"玉"。

契丹抛砖引玉诱唐军

抛砖引玉，"砖"指的是小利，是诱饵；"玉"指的是作战的目的，即大的胜利。唐朝时，契丹便通过"抛砖"，实现了"引玉"的目的。

公元696年，唐朝营州（今辽宁锦州市）都督施行暴政，轻侮契丹首领及其部属，引发了契丹人的强烈不满。加上契丹当时出现灾荒，饥民遍地，但是营州都督见死不救，不予赈济，更是严重激化了双方的矛盾。

五月，契丹松漠都督李尽忠、归诚州刺史孙万荣攻陷营州，俘虏数百人，并杀死了营州都督。李尽忠自称"无上可汗"，以孙万荣为前锋，四处攻掠河北诸州，所向披靡，数日间聚集起数万士兵，号称十万大军，又准备向檀州进军。

武则天闻讯，紧急调派左鹰扬卫将军曹仁师、右金吾卫大将军张玄遇、左威卫大将军李多祚等大将出征，想尽快夺回营州，平定契丹。

契丹先锋孙万荣熟读兵书，颇有谋略，他深知唐朝虚实，当初正是他乘着唐朝陷于内忧外患的境地才举兵反唐的。而在孙万荣的指挥下，契丹人连战连捷，声势益壮。

孙万荣看到唐军声势浩大，不宜与之正面交锋。他想到了攻破营州后囚禁在地牢里的被俘官兵，于是派人告诉这些俘虏说："我们是契丹士兵的家属，现在营州缺粮，我们饥寒难耐，等到官兵一到就立即投降大唐。"同时在营州城中大肆制造缺粮的舆论，等官兵到时，又故意让人放走被俘的唐军，还对他们说："眼下没有粮食养着你们，但是又不忍心杀你们，想来想去还是决定放你们回去。"

唐军统帅曹仁师见逃回的唐兵个个面黄肌瘦，又听到俘虏们回报说契丹方面粮食奇缺，军心不稳，因此心中大喜，认定契丹不堪一击，夺回营州指日可待。

其他将领也信以为真，张玄遇和麻仁节都想夺得头功，于是争先恐后地率轻骑向营州火速前进。一路上，他们又见到从营州逃出的契丹老弱士卒前来归降，他们声称营州粮荒严重，士兵们不堪忍受，纷纷逃跑，并且都表示愿意归降唐军。

于是张、麻二将对营州缺粮、契丹军心大乱之说更加深信不疑，加紧催动部队日夜兼程。赶到西峡石谷时，只见两边都是悬崖绝壁，中间只有一条狭窄的小道。按照兵法来说，这里正是设伏的绝佳之地。但是张、麻二人认为契丹士卒早就因为饥饿而不堪一击，加上夺取头功的私心作祟，于是没有仔细查探就命令部队继续前进。

唐军人数较多，只能排成长长的一列进入谷中，艰难行进。到了黄昏时分，忽听一声炮响，两边绝壁上飞下无数乱箭，骑兵也被绊马索绊倒，唐军人马自相践踏，死伤无数。

孙万荣见时机已到，亲自率领人马夹攻唐军。唐军前有伏兵，后有骑兵截杀，进退维谷，不战自乱，死者填满了山谷。张玄遇和麻仁节被契丹士卒生擒。

孙万荣利用从二人身上搜出的将印，写信报告曹仁师，谎称唐军已经攻下了营州，要他尽早前来处理契丹首领，并迫令张玄遇在伪造的信件上署了名字，随后派人把信送给曹仁师。

曹仁师收到这封假信后，立即下令唐军大部队急速前进，来到西峡石谷，准备尽快通过峡谷赶往营州。结果，唐军在此又中了契丹的埋伏，导致全军覆没。

商业案例

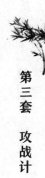
新光人寿打响品牌

台湾新光人寿保险公司始建于 1963 年 7 月，总经理为吴家录先生。他还兼任台北市人寿保险同业公会理事长。吴家录先生多年来一直从事人寿保险业，他之所以能从竞争激烈的行业中脱颖而出，并成为一位大老板，主要靠的是腹中的各种妙计。

新光人寿保险公司成立之初，筹备工作较为仓促。当时公司就设在台北市繁华热闹的馆前路，整个办公室只有十张桌椅和一套沙发，以及十位员工。

制造业出售的是有形的商品，保险业则不同，它出售的是完善的服务与安全的保证。因此，保险单的设计对于一家人寿保险公司来说是至关重要的。

新光人寿当时刚刚成立，人才稀缺，连一个能设计保险单的人都没有。公司欲向同业索取，又接连遭到婉拒，大家无计可施，整天愁眉不展。

见此情形，吴家录灵机一动，派本公司职员假装到别的人寿保险公司应聘。当时台北市共有八家保险公司，在不到三天的时间里，这八家保险公司的各种保单就统统摆在了吴家录的桌上。

他们首先研究八家保险公司的各种保单，分析其优点与缺点以及保费、投保内容、理赔项目等。

拿到需要的资料后，新光人寿开始进行细密研究，然后在此基础上设计出了自己的保单。不仅投保费用每月比其他八家公司中最低的还要便宜一块钱，而且在理赔项目中，飞机失事或火灾身亡的理赔金额是八家公司中最高赔偿金额的五倍。

如此优惠的"新产品"，加上新光人寿打出的广告——"最少的保费，最高的保障"，二者配合默契，相得益彰，在同业中一下子就出尽了风头，具有了强大的竞争力。

公司刚开张没多久，就打响了自己的牌子。初战告捷，下一步工作的突破点在哪里呢？

吴家录对当时的市场进行了仔细研究和分析，指出各家公司都集中在都市，导致台北人寿保险业竞争过于激烈，而农村在人寿保险业这一块项目上尚且属于真空地带，具有极大的发展潜力。于是吴家录决定，先开发农村。

虽然农村市场潜力很大，但阻力也同样很大，因为当时农村对人寿保险这个事物非常陌生，自然体会不到人寿保险的重要性，甚至认为投人寿保险不吉利。

为此，吴家录绞尽脑汁，专门设计了一种"样本保险"——先通过农村的村长了解到村子中有谁得了不治之症，并且离去世之期已经不远，新光人寿保险公司便主动免费为其提供保险。等人去世后，公司便按承诺如数拨给逝者的亲人一笔保险金，由村长转交，以便广为示范。这一招果然灵验，乡下人淳朴，由此认定新光人寿保险公司的的确确为乡民们带来了实惠，一传十，十传百，大家便纷纷加入了保险。

任何企业及其产品要想扩大知名度，除了质量过硬赢得好口碑之外，最主要的宣传手段莫过于做广告。在这一点上，新光人寿保险公司也是费尽心思。

但是在 20 年前，大众传媒并不发达，台北也不例外。当时的广告媒介既不普遍，价格还非常昂贵，一般公司根本负担不起。

但吴家录并不因此就知难而退，而是一直在苦思办法，工夫不负有心人，还真让他寻得了一条妙计。

每天晚上八点钟左右，吴家录就会前往生意红火、客源兴旺的电影院。但他并不是来看电影的，而是来发"寻人启事"的。寻人启事

孙子兵法·三十六计

第三套　攻战计

的文字是直接打在银幕上的，内容非常一致，都是"新光人寿保险公司某某，有人找"。但是实际上，根本没有新光人寿的员工在看电影。这样做的目的是为了让更多的电影观众熟悉并逐渐牢记新光人寿保险公司的名字。

与高昂的广告费用相比，每条"寻人启事"只需要花五角钱，价格非常便宜，所收到的效果却很不错。

就这样，新光人寿保险公司的品牌逐渐在城乡之间传了开来。吴家录的计策并不需要什么昂贵的代价，而就是这一次又一次的微小付出，却为公司带来了巨大的收益，这是"抛砖引玉"之计在商业领域的最好体现。

【点评】

此计的顺利实施全靠"利而诱之"：抛砖，就是先给敌人一些甜头，引诱其上钩，以达到"引玉"的目的。

抛出的"砖"，可以是"真砖"，即实实在在的好处，也可以是"假砖"，即只是一个假动作。但不管是真是假，不管怎么将"砖"抛出，必须明确的是，抛出的是"砖"，引到的必须是"玉"，即抛出的诱饵一定要比后来所收获的东西价值小，否则就是得不偿失。

古人认为，引诱和迷惑敌人最好的办法，不是用敲锣打鼓、张设旗帜的方式虚张声势，而是示假隐真，利而诱敌。钓鱼要用诱饵，引玉先得抛砖。先让敌人尝到一点儿甜头，才可能让它吃大的苦头。

抛砖引玉有以下三重含义：我方用小利引诱对方，最后得到较大的利益，而用来做小利的诱饵并未丧失；我方以较小的代价换来较大的利益；我方以较小的事物来对抗对方较大的事物，最后二者同归于尽。虽然双方均有损失，但我方的损失比对方小得多，这也是一种胜利。

要想有所收获，首先须得付出，就像钓鱼必须先放诱饵一样，想引玉就得先抛砖，让敌人先尝到一点甜头，是为了让他吃到更大的苦头，而让自己收获更大的甜头。

名家论《三十六计》

抛砖引玉本质上就是引敌上当，它与孙子所说的"利而诱之"有什么区别？我认为，迷惑、诱骗敌人的方法多种多样。利而诱之，着重是讲用利益去引诱敌人，让敌人觉得做某件事有利。抛砖引玉，着重是讲用相类似的事物去迷惑敌人，使敌人产生错误的判断，用作诱惑的东西不一定产生利诱的作用。二者都是为了误导敌人，使敌上当受骗，但手法上有区别。

——钟少异

第十八计　擒贼擒王

【原文】

摧其坚，夺其魁，以解其体。龙战于野，其道穷也①。

【注释】

①龙战于野，其道穷也：语出《易经·坤》："象曰：战于野，其道穷也。"意思是强龙争斗于田野大地上，是走入了困顿的绝境，这里比喻敌人陷入绝境。

【译文】

摧毁敌人的主力，擒住或消灭它的首领，就可以瓦解它的整体力量。这就好像龙离开大海到陆地上作战，从而面临绝境一样。

【计名讲解】

此计名出自唐代诗人杜甫的《前出塞》诗："挽弓当挽强，用箭当用长。射人先射马，擒贼先擒王。"杜甫写这首诗的时代背景是：唐开元十八年（公元737年），唐玄宗利用吐蕃人未作防备的机会，派兵入侵吐蕃，大败吐蕃军队，深入敌境两千余里。两年之后，金城公主去世，吐蕃遣使到长安报丧，并借此向唐朝求和，玄宗没有答应。公元740年，吐蕃攻占唐朝边境重镇石堡（今青海省会西宁西南）。天宝七年（公元748年），唐朝派陇右节度使、大将哥舒翰统军三万三千人与吐蕃军决战。尽管此役收回了石堡，但是唐军死伤惨重。杜甫的《前出塞》诗，正是针对这一情况有感而发的。意思是，只要能够制服敌国的首领，保住本国的疆土，防止异国的入侵就可以了，没必要杀太多的人。从当时历史背景来看，杜甫的这首诗寓含着对唐玄宗李隆基无节制地对外用兵的讽谏之意。

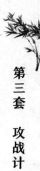

"擒贼擒王"的本义是捉坏人先要捉住其头领，和俗语"打蛇打七寸"的意义相近。比喻做事要抓住要害。运用在军事上，是指首先歼灭敌军主力或擒拿敌军主要将领，借此动摇敌人的斗志，扰乱其阵脚，使敌人彻底瓦解；也可指集中优势兵力，消灭敌人的有生力量。

古人按语说："攻胜则利不胜取。取小遗大，卒之利、将之累、帅之害、功之亏也。全胜而不摧坚擒王，是纵虎归山也。擒王之法，不可图辨旌旗，而当察其阵中之首动。"意思是：战胜敌人就不能不乘机扩大战果，如果仅仅满足于小利，而失掉获得大利的战机，只顾使士兵减少伤亡，但是由于敌军的主力仍旧完好无损，就会给指挥者带来巨大的困难，甚至会前功尽弃。认为取得完全胜利而不消灭敌军主力并俘虏其首领，就像放虎归山，后患无穷。俘获敌军首领的办法，不要只辨别旗帜，而应观察在敌营中谁是指挥官。

● **擒贼擒王**

此计认为攻打敌军主力，捉住敌人首领，这样就能瓦解敌人的整体力量。

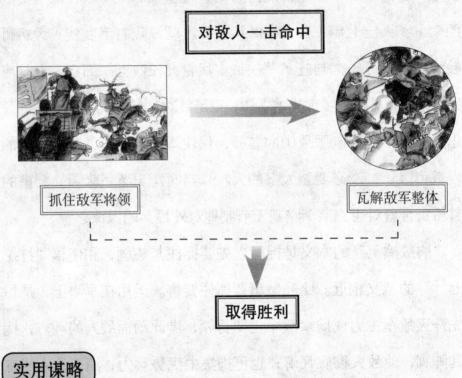

对敌人一击命中

抓住敌军将领

瓦解敌军整体

取得胜利

实用谋略

张巡智胜尹子奇

杜甫《前出塞》诗中有句写道："射人先射马，擒贼先擒王。"

古往今来的许多战例，都出现过"擒贼先擒王"的情形，"张巡智胜尹子奇"的故事，便是典型的一个。

唐玄宗时爆发了安史之乱。一开始叛军声势浩大，连战连捷。公元757年，安禄山在洛阳被杀，他的儿子安庆绪接掌大权。安庆绪派手下大将尹子奇率十万劲旅向睢阳进犯，企图夺取江淮，继续扩大地盘。

睢阳守将许远知道情况危急，遂向河南节度副使张巡告急求援。张巡立刻带领三千兵丁火速前往救援。即便如此，两部人马合起来也不过七千人，与叛军相比，实在相差太悬殊了。

好在张巡足智多谋，作战经验丰富，善于用兵。叛军包围城池以后，连连猛攻，张巡身先士卒，奋力抵抗，并在敌强我弱的情况下，俘获叛军将领六十余名，斩杀两万多敌人。初战告捷，睢阳守军军心大振。

叛军自然不甘心就这样失败，于是仗着人多势众，旋即卷土重来。张巡虽然指挥唐军打退了叛军一次又一次的进攻，并且每次都有所斩获，但始终未能动摇其根本。而张巡人马少，更加经不起消耗。对于睢阳守军来说，当时的形势依然非常严峻。

而尹子奇见二十余次攻城均被击退，士兵已经非常疲惫，不得不鸣金收兵，暂作休整。

当天夜里，叛军刚刚准备休息，忽听城头战鼓隆隆，杀声震天，似乎唐军即刻就要开城出战。尹子奇迅速集合列队，准备与冲出城来的唐军激战。

谁知张巡却是"干打雷，不下雨"，虽然把战鼓擂得隆隆作响，却一直紧闭城门不出战。叛军被折腾了一整夜，没有得到休息，将士们又累又困，疲倦至极，连眼睛都要睁不开了，倒在地上就开始呼呼大睡。

正在叛军人困马乏的时候，只听城中一声炮响，张巡突然率领守军冲杀出来。

叛军在睡梦中被喊杀声惊醒，吓得乱作一团。张巡一马当先，接连斩杀敌将五十余名，士兵五千余人。

但叛军依然未伤元气，张巡召集将领们商议退敌方案。有的说：敌军有十万，而我军只有几千人，恐怕难以抵挡，最好赶快请来援兵。有的说：应该偷袭敌人的粮仓，乱其军心，断其后路，然后方能取胜。但是，就算派人杀出重围去请援兵，也要数月才能到达，远水解不了近渴，恐怕到时睢阳早已失守。而敌军粮草由重兵把守，显然是早有准备，难以劫下。所以这些方案很快就被一一否定。

这时，张巡分析道："如果硬拼，我军肯定不敌叛军，必须智取。只有先除掉叛军主将尹子奇，敌人才会乱作一团，我军再乘胜追击，打他个落花流水。"

但张巡以前从未见过尹子奇，现在两军混战，辨认起来更加不易。

于是张巡心生一计，当尹子奇又开始发动进攻时，他命士兵从城头向敌阵放箭，只是这箭枝是用蒿草秆做的。叛军中有人捡到箭，以为睢阳守军的箭已经用光了，心中大喜，立刻兴冲冲地拿去向主将报告。

张巡在阵前看得一清二楚，立即让部将南霁云张弓搭箭射向尹子奇。南霁云是有名的神箭手，虽然相距较远，但他依然一箭射中尹子奇左眼。这回可是"货真价实"的真箭，尹子奇立刻鲜血满面，差点儿落下马来。

张巡见尹子奇中箭，立即指挥几千精兵趁势掩杀，差点儿将尹子奇生擒活捉。尹子奇则如惊弓之鸟，仓皇逃命。主帅负伤遁走，手下将士顿失主心骨，乱成一锅粥，在唐军的冲杀下，兵败如山倒。

土木堡之变

攻打敌军主力，捉住敌人首领，这样就能瓦解敌人的整体力量。敌军一旦失去指挥，就会不战而溃。明朝中期瓦剌军俘获明英宗，就是一招"擒贼擒王"。

明英宗朱祁镇在位时，宠幸太监王振。王振便恃宠专权，作威作福，欺下瞒上。朝中大臣多半仰他鼻息，天下人对王振更是敢怒不敢言。当时，北方的瓦剌日益强盛，对中原这块沃土垂涎三尺。朝中有识之士建议在瓦剌南下的要道上设防，王振收了瓦剌首领也先的贿赂，断然拒绝了这一建议。1449 年，也先亲自率领大军从蒙古出发，进犯河北一带。大同作为重镇，自然是敌人攻击的重点所在。

王振此人好大喜功，虽然是一名太监，却总想效仿历史上的名将建立不世之功，好让自己青史留名。战报传回朝廷，面对大军压境的处境，王振不但不忧心忡忡，反而顿觉自己扬名后世的机会终于到来，于是不断怂恿明英宗御驾亲征。

明英宗软弱昏庸，又无主见，向来是王振说什么就信什么，一听王振说瓦剌军不堪一击，居然真的相信了，决定亲往前线与瓦剌军对敌，还命从无作战经验的王振为统帅，一切军政事务均由他独断独行。

在没有经过充分准备的情况下，五十万明军就仓促北上了。

途中又连降大雨，道路泥泞，部队行进速度缓慢。好不容易到达居庸关时，先头部队屡屡战败的消息频频传来；加上粮草缺乏，为了保护皇上安危，有部将建议英宗留驾居庸关，不再前行。但王振执意不肯，命令部队继续前行。部队粮草缺乏，士兵与战马饿死无数，沿途有很多倒毙的士兵和马匹。明军与瓦剌人交战，一触即溃，几乎全军覆没。

面对这样的战情，在众人的坚决要求下，王振被迫同意班师回京。但即便是在这样危险的环境下，鼠目寸光的王振居然还怀有私心——他先是要大军退兵时从他的家乡蔚州经过，想要跟乡里人摆摆威风；但是走到一半，他突然又怕大军损坏了自己田里的庄稼，硬是要求大军绕道而行。而且，在这样紧急的时候，他却让明军停下来，只是为了等候他装满私产的车队。

明军本来就行动缓慢，再经过这样的绕来绕去，几次拖延，结果走到宣府时，就被瓦剌大军追上，明军损失了三万骑兵。残余的明军狼狈逃到土木堡，瓦剌人紧追不舍，将土木堡围得水泄不通。

此时，明英宗身边只剩下少数护卫亲随，他们既打不过瓦剌大军，也无法突围而出，最后只得束手就擒。王振却打算扔下皇帝，独自逃走。英宗的护卫将军愤怒地喊道："我为天下杀此贼！"然后一锤打死了王振。

连皇帝都丢了，明军更加溃不成军，最后全军覆没。这就是历史上有名的"土木堡之变"。

瓦剌人捉到明英宗后，并没有杀他，而是如获至宝。因为他们想用明英宗做人质，以获得源源不断的财富。也先派人通知明朝送来一万两黄金，方可赎回英宗，钱到即放人。

明朝派人前往敌营，按约定献上万两黄金，却迟迟不见英宗被送还。后来才知道，瓦剌人早在前一天晚上就挟走了英宗，白白骗得万两黄金。

此后，瓦剌人继续向北京进发，一路挟持英宗同行。瓦剌军沿途烧杀抢掠，百姓深受其害。但明军因为英宗也在军中，投鼠忌器，不敢主动攻击。而瓦剌人显然也是瞅准了这一点，因此才让英宗随行。

长此下去，形势将对明朝越来越不利。兵部侍郎于谦认为应当另立新君，有识之士也纷纷表示赞成。于是，明朝另立新皇帝，是为景帝，而尊英宗为太上皇。

消息传出去后，英宗这个人质的价值大大降低，明朝对瓦剌的态度和口气越来越强硬。瓦剌人也渐渐明白，明朝不会为英宗付出太大代价。加上在京城保卫战中，于谦表现优异，将之前不可一世的瓦剌骑兵打得大败。最后，瓦剌人终于同意将英宗送归明朝。

瓦剌人深谙"擒贼先擒王"的道理，因此捉到英宗后，屡次用其要挟明朝。但是，明朝另立新君，英宗不再是皇帝，自然也就失去了价值，从而粉碎了瓦剌人的阴谋。

李靖追捕颉利

"擒贼擒王"是指在交战之时，用消灭敌方指挥部门的方式击溃敌人。控制住敌人的首领就相当于控制了整个战场的形势。相反，如果让"擒王"的机会白白溜走，在很多时候即意味着给了敌人卷土重来的机会，就算取得了部分战场的胜利也不能高枕无忧。

由于屡屡遭到突厥进犯，贞观三年（公元629年），唐太宗决定对突厥发动进攻，命大将李靖等人统率十万兵马讨伐突厥。第二年的二月，李靖在阴山之战中大败突厥颉利可汗，致使后者不得不带领麾下数万人仓皇逃跑。逃跑途中颉利可汗派人向唐太宗请罪，表示愿意举国依附大唐。唐太宗一面派鸿胪卿唐俭和颉利接洽，一面派李靖领兵迎接颉利。

然而，李靖却认为颉利虽然表面上臣服，实际上仍盘算和大唐为敌，只待草丰马壮后再卷土重来。考虑到放过颉利如同放虎归山，李靖和另一名讨伐突厥的大将李世勣商量，决定冒险违抗命令，突袭颉利，将其余部一网打尽。

于是，李靖带领人马进军阴山。路上，他们发现了数千顶突厥兵的帐篷，为了确保突袭计划不会提早泄露，李靖等当即决定将这些突厥人全部俘虏充入军中。而此时此刻，颉利可汗则因为见到了唐使唐俭，以为一切皆在自己掌握之中，因此沾沾自喜，没有任何提防。当他察觉到李靖等人的行动时，后者距他的大帐只有十几里路了。摆在颉利眼前的选择只剩下一种——逃跑。

颉利惊慌失措地跳上马，带着一支部队踏上了逃亡之路。而剩下的突厥大军则群龙无首，乱作一团，根本没有心思对付杀气腾腾的唐军。李靖等人势如破竹杀得酣畅淋漓，一口气杀了突厥一万多人，俘虏十余万，其中包括颉利可汗的儿子叠罗施。一场突袭下来，颉利身边只剩下一万多人，这些人还大多被李世勣堵在了碛口。

颉利可汗一路逃至灵州附近的苏尼失那里，试图在此稍作休整后向南前往依吐谷浑。但他的行踪被唐大同道行军总管李道宗得知，李道宗向苏尼失施压，逼后者交出颉利。这次，尽管颉利藏进了深山中，却依然没能逃跑成功。

颉利就这样被唐军抓获了，颉利被抓后，苏尼失见大势已去，也归降大唐。根据《新唐书》的记载，苏尼失有帐部五万，原本位于灵州西北。他为人骁勇善战，又常给手下恩惠，所以归顺者众多，对大唐而言，这也是一股不容小觑的力量。若颉利可汗没有被抓住，借助苏尼失的力量东山再起，大唐又不知增添多少麻烦。

由于苏尼失是"率众归服"，他归服之后，漠南之地尽归大唐的版图。唐太宗非常高兴，给了他优厚的赏赐，封他为北宁州都督、右卫大将军、怀德郡王。而颉利则被带到了长安，一直到死，他都没有能力再和唐朝作对了。

商业案例

"柳江"的成功之道

在企业经营中，"擒贼擒王"之计可引申为，紧紧抓住事物发展的关键，或把握问题的重点。在开发新产品时，面对强手如林的产品市场，应着力研制集众人之长于一身、技冠群雄的王牌产品，以增强产品的竞争力。

此外，在销售对象上，应善于抓住主要的消费人群，并针对他们的消费心理和需求，改进产品的质量、功能、式样和包装，以吸引顾客。

世界著名企业家的成功之路，无不是从重点经营某一产业而起家的。如美国的石油大王洛克菲勒、钢铁大王卡内基，新加坡的玻璃大王陈家和，香港的船王包玉刚等，这些企业巨子，无不重点以生产或经营某种产品而著名。企业经营者，特别是中小企业的领导者，运用擒贼擒王之计，关键就在于集中人力、财力、物力，进行重点经营。如果不考虑企业实力，盲目扩大营业项目或多角经营，往往会因分身力薄而难以成功。至于大企业要搞多种经营或多角经营，经营的每一项，也要谨慎研究，集中力量抓住重点。

1969 年，柳州农机厂开始转产 2.5 吨"柳江"牌汽车。由于工厂沿用小生产经营方式，厂小而求全，除发动机外，其余零部件几乎都由自己生产。结果，"柳江"牌汽车成本高、质量差，企业效益低，到 1980 年出现亏损，陷入困境。

厂领导经过研究，苦思对策，确定加入东风汽车联营公司，生产"东风"车。并改变了过去"小而全"的生产格局，走专业化生产之路，结果成本大大降低，效益显著提高。

以此为起点，柳汽又改汽油车为柴油车，从而适合大批个体运输户的需要。投放市场后，甚为走俏，1991 年生产一万辆后即销售一空；1992 年生产 1.5 万辆仍供不应求。这一创举，正是集中力量、重点经营的结果。

【点评】

在战争中，打败敌人了，将会取得丰厚的利益。但是，如果因为满足于小胜利而错过了大胜的好机会，就像仅仅击溃了敌军，却放走了"贼王"。而这无异于放虎归山。只有捕杀了敌人首领，摧毁了敌方的指挥部，使敌人陷入群龙无首的境地，才能迅速消灭敌人。

从哲学角度看，"擒贼擒王"中的"王"指主要矛盾或矛盾的主要方面，它是居于领导和支配地位的，解决了主要矛盾或矛盾的主要方面，次要矛盾和矛盾的次要方面也就迎刃而解了。

"擒贼擒王"的含义包括以下三重：

一、擒其首脑。

二、攻击要害。

三、提纲挈领。

人们常说："蛇无头不行。"一个组织的形成和发展，总是取决于少数关键性的人物。一旦关键人物不在了，余下的人就成了一盘散沙。

所以，要消灭和瓦解一个组织，首要的攻击目标就是它的首领和核心人物，这就是"打蛇打七寸"。不过，擒王的具体实施方法有很多种，还可以与其他计谋联用。

从明处下手，硬擒硬杀是其中一种，但往往要付出高昂的代价，而且容易引起对方的警觉，成功的可能性比较低。

"调虎离山"和"美人计"都是行之有效的手段，和武力擒王相比，代价较小，成功的系数也要高得多。总之，擒王的方法有很多，依照具体情况还能进行各种变通，但首先擒王这条原则是恒定不变的。

第四套　混战计

第十九计　釜底抽薪

【原文】

不敌其力，而消其势①，兑下乾上之象②。

【注释】

①势：气势。

②兑下乾上之象：指履卦。《易经·履》中说："柔履刚也。"
这里含有以柔克刚之意。

【译文】

　　不直接面对敌人的锋芒与之抗衡，而是间接地削弱它的气势。也就是说用以柔克刚的办法来转弱为强。

【计名讲解】

此计名出自北齐魏收所写的《为侯景叛移梁朝文》："抽薪止沸，剪草除根。"水凉水沸，是日常生活中常见的现象。要想让水不沸腾，可以加进一些凉水，即扬汤止沸，也可以抽掉锅底的柴草，即"釜底抽薪"。扬汤止沸，水一时凉了，很快又会再沸。这是因为没有从根本上止沸。釜底抽薪，因为水靠火沸，火要薪生，便从根本上消除了水沸的基础或依靠物了。

釜底抽薪本义是把柴火从锅底抽掉（使水停止沸腾），比喻从根本上解决问题。

运用在军事上，指的是切断敌人的供给来源，从根本上动摇敌人的军心和士气，使其成为"无源之水，无本之木"，然后一举战胜敌人。尤其是当敌人力量强大时，决不能正面硬拼，而应该以柔克刚，避其锋芒，削弱其气势。在古代战争中，粮草是关键和重中之重，所以运用此计时多在粮草上做文章。到了近现代，"薪"的范围更加广泛。

古人按语说："水沸者，力也，火之力也，阳中之阳也，锐不可当；薪者，火之魄也，即力之势也，阴中之阴也，近而无害。故力不可挡而势犹可消。尉缭子曰：'气实则斗，气夺则走。'而夺气之法，则在攻心。"意思是：锅水沸腾，靠的是一种力量，也就是火。星

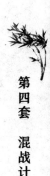

星之火可以燎原，迅猛而不可挡。柴草是火的灵魂，是发火的基础，其中蕴藏着极大的能量。但是，柴草本身却不凶暴，即使碰到它也不会受到伤害。因此，强大的力量尽管无法阻厄，而从气势上使其自行瓦解的妙招，还是有的。尉缭子说："士气旺盛就要向敌发起进攻，士气低沉就主动退出战斗。"削弱敌军士气的办法，就在于巧妙地运用政治攻势。

● 釜底抽薪

语出北齐魏收《为侯景叛移梁朝文》："抽薪止沸，剪草除根。"此计用于军事，是指对强敌不可用正面作战取胜，而应该避其锋芒，削减敌人的气势，再乘机取胜的谋略。

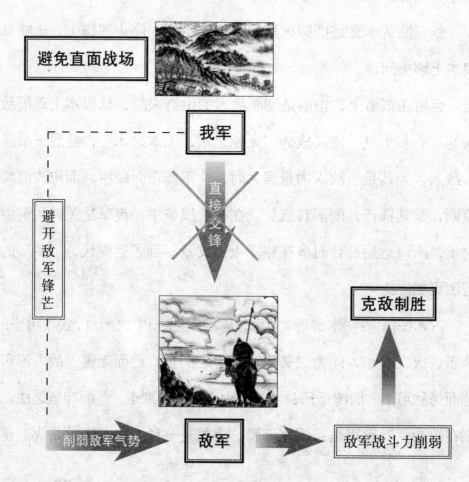

避免直面战场

我军

直接交锋

避开敌军锋芒

克敌制胜

削弱敌军气势　　敌军　　敌军战斗力削弱

勾践蒸粟还粮

古今战争中，粮草为部队生存之根本，为部队战斗力的本源，因此，总是"兵马未动，粮草先行"。如果部队缺粮，就会陷入困境，以致遭受失败。

春秋末年，吴、越逐渐崛起，两国之间经常发生摩擦。吴王夫差先打败越国，越王勾践为保全国家，只能屈膝求和，并亲入吴国为奴，伺候夫差。勾践表现得谦卑而谨慎，从而蒙蔽了夫差。过了几年，夫差便允许其回国。

勾践回国后，卧薪尝胆，暗中积极备战，想要灭掉吴国，一雪前耻。

勾践让妻子织布，自己则带头下田耕作，并实行轻徭薄赋的政策。百姓吃穿不愁，家家蓄有余粮。人口逐渐增加，国力日渐强盛。

反观吴国，吴王夫差沉溺于酒色，不理朝政，他刚愎自用，生性多疑，不但重用伯嚭这样的小人，还逼死了忠臣伍子胥。夫差穷兵黩武，多次北上与中原诸侯争夺霸主之位，搞得国内怨声载道。

虽然越国已经国富民强，但为了麻痹吴国，勾践借口越国遇到灾荒，向吴国借了一万石粮食，许诺第二年将所借粮食如数归还给吴国。

　　眼看归还之期就要到了，勾践和大臣文种谈及此事，说："如果我们不还粮食，吴王就会以此为借口，兴兵讨伐我们，而越国尚未完全做好准备，况且这样做也是我们失信于人；但如果把粮食还给吴国，这就等于是帮助敌人，而不利于越国。怎样才能做到两全其美呢？"

　　文种说："粮食是一定要还的。但我们可以在粮食上做些手脚。我们从粮食中精选出一部分，蒸熟后再还给吴国。然后就有好戏看了。"

　　越国送还的粮食因为被蒸过，颗粒大而饱满，吴国人见了，非常高兴。于是到了第二年春天，许多人把这些粮食当作良种播到地里。他们本来以为会有好的收成，但是被蒸过的种子根本就不可能发芽，所以到秋天的时候，吴国的田地里几乎颗粒无收，严重的饥荒导致很多人饿死，吴国的国力大大衰弱了。

　　国以民为本，而民以食为天。勾践还的是蒸熟之粮，吴国不知内情而中了计，结果发生饥荒。这是一招典型的"釜底抽薪"之计。勾践通过施用这一计谋，从根本上削弱了吴国的实力，也为最终灭掉吴国奠定了基础。

乌兰布通之战

　　当处在困境的时候，不妨采用釜底抽薪的办法，寻找问题的关键所在，集中力量解决。在战争中，这就意味着要善于挖掘敌人的致命弱点。

1678年，噶尔丹的博硕克图汗建立了准噶尔汗国。之后，为扩张土地，其和清朝政府发生了严重的冲突。双方在1690年于乌兰布通发生激战。

乌兰布通山上有不少树木，十分利于隐蔽，再加上山的南北两面又都非常险峻，不利攀爬，很方便安营扎寨。于是博硕克图汗计划将乌兰布通山打造成一个军事堡垒。他要人找来上万头骆驼，在骆驼的背上装上盖着湿毛毡的箱垛，然后再让骆驼将山团团围住，相当于绕着乌兰布通山筑起一圈"骆驼墙"。而准噶尔中持有火器的士兵就藏在这道骆驼墙之间。和清军交战的经验告诉博硕克图汗，清军的长弓火枪无法射穿这道骆驼墙。

当清军抵达乌兰布通山下时，博硕克图汗已经做好了作战准备，站在高高的山上，他可以清楚地观察清军的举动。清军则正好相反，他们在乌兰布通西边摆好阵势，和准噶尔军隔河相对，准噶尔军有高山和骆驼作掩护，清军只有一条河。

统领清军的和硕裕亲王非常清楚，尽管从人数上，清军占了优势，不过要打赢这场仗仍不容易。清军完全暴露在敌人的眼皮子底下，仿佛一个个活动的人肉靶子，不要说上山杀敌了，一旦开战，清军很可能被打得毫无还手之力。果然，战争伊始，清军的状况就非常糟糕。他们拉来了火炮，可由于不清楚准噶尔军的情况，只能漫无目的地向山上发射，炮弹打了不少，造成敌方的伤亡却有限。

清军很快意识到，要想夺取战场上的主动权就必须找到克敌的关键，釜底抽薪解决问题。而此时此刻，清军面临的最大麻烦就是：对方知道自己的布阵情形，自己却不了解对方。清军当即针对这点调整

了策略。当天晚上，一小支清军悄悄地渡了河，潜到乌兰布通山下，假意攻山，实则侦查敌人的火力部属。他们很好地完成了任务，发现乌兰布通山久攻不克的关键——骆驼墙。

之后，清军重又炮轰起乌兰布通山，只是这次他们将炮口对准了山周的骆驼。骆驼墙可以抵御枪弹箭弩，却对炮弹无能为力。在大炮的猛烈攻击下，骆驼墙很快就着起熊熊大火。藏在其中的准噶尔军早已顾不得射击，匆忙逃命，他们中很多人都因躲闪不及，被大火烧死。

骆驼墙破了，乌兰布通山不再坚不可摧。更重要的是，随着骆驼墙的毁灭，准噶尔军的士气大受打击。清将佟国维带着一队精兵冲到了乌兰布通山上，准噶尔军惊慌失措，应战无力。没过多久，清军就控制了战场的局势，博硕克图汗只得带领残兵余部向山林深处逃去。

由于清军包围了整座乌兰布通山，博硕克图汗见突围无望，只好向清军投降。不过，就在清军接见他派来的使者时，他逃跑了。1697年，博硕克图汗死了，他的部下将他的尸体作为礼物送给了清朝。

刘备夺取汉中

赤壁之战后，曹操惨败而归，但仍然牢牢掌握着北方地区。孙权在战后巩固并扩大了自己在江南的地盘，刘备则占据了荆州，并趁势进军巴蜀，夺取了益州，形成三足鼎立之势。

汉中地处益州，地理位置十分重要。曹操进军汉中，威胁到了刘备的利益。刘备自然不甘心这样一块战略要地落入曹操手中。于是，曹、刘之间的汉中争夺战就这样爆发了。

公元 215 年，曹操设计消灭了西北的马超、韩遂势力，巩固了自己的大后方，随即便亲率大军进攻割据汉中的张鲁。

张鲁是东汉时期"五斗米道（又称正一道、天师道，是道教早期的一个重要派别）"的传教人，被东汉统治者封为镇民中郎将，领汉宁太守，成为一方统治者。

在得知曹操进攻汉中的消息后，张鲁自忖以汉中一隅之地及手下的将兵，不足以与曹操抗衡，便想开城投降，但他的弟弟张卫不肯。曹军到达平阳关（在今陕西勉县西北）后，张卫率一万多人拒关坚守，但最终为曹操所破。张鲁见此，便率部降了曹操。因此，曹操基本上控制了汉中及巴中地区。

刘备对此忧心忡忡，便派部将黄权出兵击败了曹军在巴中的势力，并控制了该地区。

此时，曹操的大军正驻扎在汉中，手下大将司马懿曾建议他抓住时机进攻益州。曹操鉴于西蜀守备严密、地形易守难攻，而且虽然平定了马超和韩遂的势力，但后方并没有完全稳定，一旦长久相持，很可能发生变乱，因而没有采纳司马懿的献言。

没过多久，曹操就把原驻守在长安的大将夏侯渊调来驻守汉中，自己则领兵回到许都。

汉中的地理意义对刘备和曹操两方来说都极为重要。它是四川东

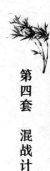

北的门户，如果是曹操占据了汉中，那么益州北方就会无险可守。刘备刚占据四川不久，统治并不稳固，汉中落入曹魏手中无疑对他形成了极大威胁。而如果是刘备占据了汉中，不仅西北的门户守住了，而且进可直攻关中，退可固守成都。种种因素加起来，刘备自然决心将汉中掌控在自己手中。

公元217年，刘备留诸葛亮坐镇后方，坚守成都，负责粮草和军需供应，自己则亲率主力进攻汉中。刘备大军直抵阳平关下，想一举攻下这一战略要点。夏侯渊据险而守，顽强抵抗。刘备选精兵数万轮番进攻，怎奈阳平关本身易守难攻，加上魏军战力极强，两军在关前相持一年有余，始终不能分出胜负。

公元219年正月，刘备经过充分的准备与策划，决定采取行动来打破这种胶着不下的局面。刘备率蜀军绕过地势险要、防守严密的阳平关，悄悄南渡汉水，沿南岸山地疾速向东行进，一举攻占了军事要地定军山。

定军山地势险要，关系重大，是汉中西南的门户。攻下了定军山，就等于打开了直通汉中的道路，并且威胁到了阳平关曹军侧翼的安全。刘备这一出其不意的举措迫使夏侯渊将驻防阳平关的兵力东移，去与刘备争夺定军山。

为防止蜀军进军北上或继续东进，曹军在汉水南岸和定军山东侧建营垒、修围寨、设鹿砦（用树木设置的形似鹿角的障碍物，是一种防御工事）。

刘备趁着夜色的掩护攻打曹营，火烧南围鹿砦。夏侯渊命张郃守住东围，自己率轻骑援救南围。刘备又率军猛攻东围，同时派老将黄忠带领精兵埋伏在东、南围之间的险要地段。面对蜀军的猛烈攻势，张郃难以招架，夏侯渊得报又急忙率军回援东围。黄忠以逸待劳，等夏侯渊率军而过时，突然居高临下袭击行军中的曹军。曹军毫无防备，仓促应战，很快就溃不成军，死伤惨重，夏侯渊本人也被黄忠斩杀。张郃拼死力战，杀出东围，退守阳平关。

夏侯渊死后，张郃承担起统帅之职。曹操得知汉中战场失利，大惊，然后亲率主力从长安出斜谷，火速赶往阳平前线救援汉中。而此时的蜀军已经夺取并保住了定军山，扭转了先前的被动局面，胜利后的蜀军士气空前高涨，刘备也信心十足，并对随从的部将说："曹操就算是亲身前来和我决战，也无力回天了。"

曹操急于尽快收复定军山，情绪急躁。刘备则"以静待哗"，派遣多股游兵，深入曹军后方进行袭扰，劫其粮草，断其交通，并伺机消灭小股部队。曹军正欲向前，却攻险不胜，求战不得；后方又屡遭侵扰，军需供应受到破坏，粮食短缺，军心恐慌，士兵们逐渐失去了斗志，士气越来越低落，临阵脱逃者日益增多。

僵持了一个多月，曹操眼见取胜无望，不得不放弃汉中，全军撤回关中。刘备如愿占据了汉中。接着，他派刘封、孟达等袭取了汉中郡东部房陵（今湖北房县）、上庸（今湖北竹山西南）等地，进一步拓展了自己的势力。至此，汉中争夺战以刘备的大获全胜而告终。

孙武在《军争篇》中提出，用兵作战最困难之处在于争夺有利条件。从刘备、曹操争夺汉中的战役中，也确实证实了孙子这一观点的正确性。交战之初，曹操据汉中，扼守阳平关军事要地，打退刘备军队的多次进攻，使得刘备长期处于屯兵要塞之下却毫无进展的被动状态之中。而后来，

当刘备抢占了另一个更为有利的军事要地定军山后，形势便完全发生了转变。刘备由被动变为主动，由受制于人变成控制人——能够以逸待劳，调动曹军，使曹军疲于奔命，来回奔走，以至于最后打败曹军。

刘备之所以能变被动为主动，最主要的一点是，他在关键时刻能够做到"以迂为直，以患为利"。刘备夺取汉中，是运用了孙子"迂直之计"而取得的。在汉中之争初期，刘备在争夺战中处于不利地位。但由于刘备用"迂直之计"，善于将不利因素化为有利因素，成功地抢占了军事要地——定军山，从而争得了这场战争的制胜权，最终占据了汉中，迫使曹军退出四川，取得了这场战争的胜利，也巩固了自己在四川的势力。

商业案例

"釜底抽薪"要看准时机

如果从釜底所抽之薪不足以灭掉釜底之火，那么不仅不能彻底止住釜中沸水，还会制造出大量呛人的烟。

始创于1958年的长虹是中国知名的家电企业，其资产多达六百多亿元，在国际上具有很强的竞争力。但和所有企业一样，其发展并非一帆风顺，不时便会遇到挑战。1996年中国彩电市场竞争异常激烈，很多厂家都不得不用压低价格、减少利润的办法确保自己产品的市场占有率不会下降，但这种做法毕竟给企业带来巨大的压力。

长虹也是如此，低价竞争让它疲惫不堪，它不得不思考应对之策。在对彩电市场进行了一番细致的研究后，长虹的决策者决定用釜底抽薪的办法解决难题——通过控制彩电零部件的销售控制彩电整机的成本价，进而掌握市场的主导权。

这个办法看上去很高明。一旦长虹主导了彩电整机的成本价，其产品至少在价格上就拥有了其他彩电品牌难以比拟的优势。而在彩电的所有零部件中，属显像管所占的成本最高，约占整个彩电成本的70%。长虹遂决定从彩电的显像管下手。其凭借雄厚的财力和良好的商业信誉，大量吸纳彩电显像管，一口气便买断了中国70%左右的彩色显像管。

长虹的做法引起了很多同行的恐慌。从1998年下半年开始，不少生产彩电的厂家就因显像管不足而不得不减少产量甚至停止生产。长虹借机扩大市场份额，一跃成为行业霸主。但是，中国的彩电市场并非只有长虹一家实力雄厚，况且彩电的生产技术总在发展，要降低成本并非只能靠压低显像管成本这一条途径。因此，长虹在彩电领域的好日子并没有持续多久，其彩电部门就出现了亏损。显像管不仅没能成为长虹制约其他彩电企业的"凶器"，还成为长虹的拖累，大批地积压在库房里。

釜底抽薪即意味着抓住问题最关键的环节，以此下手，一举解决整个问题。但是如果不具备抓住问题最关键环节的能力，就要慎用此计。

【点评】

为了让锅中的水停止沸腾，我们经常会把锅中的水不停地舀出来再倒回去（即"扬汤止沸"），或者直接倒入凉水，但这样治标不治本。因为只要火源还在，水很快还能再沸腾。因此，最好的办法是抽掉锅底的柴草，即"釜底抽薪"。

两军对阵时，如果敌人势力强大，一时难以阻挡，那么就应该避其锋芒，并从根本上动摇敌人。

在冷兵器时代，粮草对军队的作用至关重要，"军无粮草则亡"。因此，绝大多数情况下，古代军事家将截断敌人的粮草视为"釜底抽薪"的目标。

而在近现代，此计运用的范围更加广泛，而"薪"所包含的内容也更加广泛。

此计所包括的含义如下：

一、先治本后治标。任何事物都分为"标"（枝节、表面）和"本"（根本、本质）两个方面。只有先找出根本，从根本入手，才能彻底解决问题。

二、去其所恃。世界上的事物都是相互联系、相互依存的。一旦破坏了某事物赖以生存的基础，那么将会对这一事物造成致命的打击。

三、攻心为上。"夫战，勇气也"，作战主要凭借的就是一股士气。士气虽然不是实力本身，但它对实力能产生极大的影响。当我们不能或者不愿与敌人比拼实力时，可以转而攻气——对敌人展开强大的心理攻势，从内部瓦解敌人，削弱其气势，乱其阵脚。敌人自乱军心，我方便能毫不费力地取得胜利。

四、以柔克刚。硬碰硬往往会两败俱伤，当必须保存实力时，不妨用柔和的办法去制服刚强的敌人，这样做能收到意想不到的效果。

第二十计　混水摸鱼

【原文】

乘其阴乱^①，利其弱而无主。随，以向晦入宴息^②。

【注释】

①乘其阴乱：乘敌人内部发生混乱。阴，内部。

②随，以向晦入宴息：语出《易经·随》，意思是人要顺应天时去安排作息，向晚就应当入室休息。随，顺从。

【译文】

趁敌人内部发生混乱，利用其力量虚弱而没有主见这一弱点，使敌人顺从我，就像人顺应天时到了夜晚就要入室休息一样。

【计名讲解】

"混水摸鱼"又写作"浑水摸鱼"，本义是趁着水浑把鱼捉住。

比喻乘乱捞取利益。用到军事上，指的是当敌人内部出现混乱的时候，趁机抢夺利益或夺取胜利，这是一种乱中取胜的计谋。

混水摸鱼的计名出自《三国志·蜀志·先主传》。

东汉末年，朝政黑暗腐败，爆发了黄巾起义。各路豪强纷纷起兵，彼此混战，借镇压黄巾起义的机会争夺地盘，壮大自己的势力。刘备就是其中的一个。

刘备是汉室宗亲，但是到他父亲那一辈的时候，家道已经衰落了。刘备不像曹操和袁绍等人那样有雄厚的基础，因此只能东奔西走，不断依附于别人。

有一次，刘备来到隆中，他三顾茅庐，请出了诸葛亮，有了自己的战略规划，并在诸葛亮的辅佐下，势力逐渐壮大。赤壁之战后，刘备先夺荆州，有了立足之地，后取西川，终于与魏、吴形成鼎足之势，这就是运用了混水摸鱼的计谋。

古人的按语说："动荡之际，数力冲撞，弱者依违无主；敌蔽而不察，我随而取之。《六韬》曰：'三军数惊，士卒不齐，相恐以敌强，相语以不利，耳目相属，妖言不止，众口相惑，不畏法令，不重其将：此弱征也。'是'鱼'，混战之际，择此而取之。如刘备之得荆州、取西川，皆此计也。"

这段按语意思是：在动荡不稳的局势中，总是有几种相互冲突的力量同时存在。弱小者联合谁与反对谁的态度都没有明确，敌方又都受蒙蔽而没有察觉，我方则应毫不犹豫地顺手消灭他们。兵书《六韬·兵征》说："全军多次出现恐慌，军心不稳。又因高估敌情而心怀惧怕。互相传闻，说泄气话。谣言四起，听信假话。不畏惧军令，也不尊重将帅。这些都是怯弱的表现。"凡有这样的目标，都应趁势夺取。就像刘备能取得荆州、西川那样，那都是因为施用这一妙计的缘故。

● 混水摸鱼

原指趁着混乱的时机捞一把，这里引申为军事谋略，即趁着敌人内部发生混乱，利用它的力量虚弱而没有主见，使它顺从我，意在乱中取胜。此计重在以假乱真，采用主动的军事行动"搅混水"，然后再借机行事。

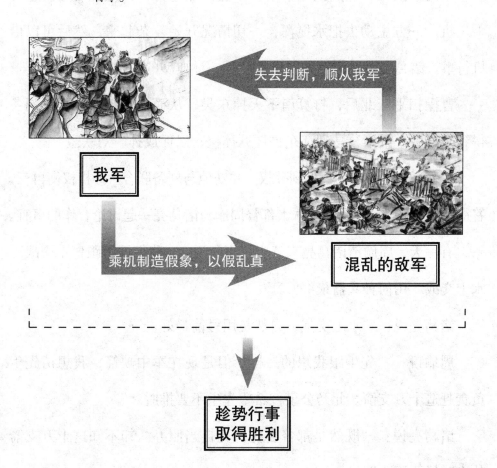

失去判断，顺从我军

我军

混乱的敌军

乘机制造假象，以假乱真

趁势行事
取得胜利

实用谋略

草船借箭

"混水摸鱼"应用到军事中，不能只靠等待，而应主动去制造可乘之机。一方主动去把水搅浑，一切情况开始复杂起来，然后可以借机行事。诸葛亮草船借箭的故事，就是一计典型的混水摸鱼。

曹操扫平江北后，打算南下灭掉东吴，从而一举统一天下。刘备得到消息后，派诸葛亮到江东去拜见孙权，以促成孙、刘联盟。

诸葛亮来到东吴后，见到孙权，并劝他与刘备联合。孙权权衡再三，答应了诸葛亮的请求，还委派大都督周瑜与诸葛亮一起讨论合作的事宜。

有一天，周瑜请诸葛亮来营中议事，说："我们即将跟曹军交战。水上交战，用何种兵器最好？"

诸葛亮说："水上交战，自然是用弓箭最好。"

周瑜说："先生跟我想的一样。但是现在军中缺箭，我想请先生负责赶造十万支箭。此乃公事，希望先生不要推脱。"

诸葛亮说："既然是都督委托，亮自当照办。却不知这十万支箭什么时候要用？"

周瑜问："十天够吗？"

诸葛亮说：“眼看曹操大军即日将至，两军随时会开战，如果还要等待十天，恐怕会误了大事。”

周瑜问：“那按先生的估计，几天可以造好？”

诸葛亮微笑着说：“只要三天。”

周瑜说：“眼下军情紧急，先生可不要开玩笑。”

诸葛亮说：“这么重要的事，我怎么敢跟都督开玩笑？我愿意在此立下军令状。如果三天之内造不出十万支箭，亮甘受惩罚。”

周瑜听了，当场让诸葛亮立下军令状，并设酒席招待他。诸葛亮说："今天已经来不及了。从明天开始算起，到第三天，请都督派五百名军士到江边来搬取箭枝。"又喝了几杯酒之后，诸葛亮就告辞离去。

当天晚上，周瑜派鲁肃到诸葛亮的营中去打探消息。

鲁肃到了后，见诸葛亮并没有督促士卒制造弓箭，心里感到疑惑，便向诸葛亮询问到底怎么回事。诸葛亮微微一笑，并不答话。过了一会儿，诸葛亮请求鲁肃借给他二十条船，且每条船上要配置三十名军卒，船只都用青布幔子遮起来，还要一千多个草靶，分别竖在船的两舷。说完之后，诸葛亮还嘱咐鲁肃不要将此事告知周瑜。

鲁肃是个忠厚长者，他听了诸葛亮的话，便答应了他的请求，却并不明白诸葛亮的意图。回去后，鲁肃瞒着周瑜，私自拨了二十条快船，每条船上配备了三十名军士，并照诸葛亮事先吩咐的，布好了青布幔子和草靶，等诸葛亮调度。

第一天，不见诸葛亮有什么动静。第二天，仍然不见诸葛亮有什么动静。直到第三天夜里四更时分，诸葛亮才秘密地把鲁肃请到船上。

鲁肃奇怪地问他："你叫我来做什么？"

诸葛亮说："请你一起去取箭。"

鲁肃更加不解："到何处去取箭？"

诸葛亮回答："子敬（鲁肃的字）先不用问，去了自然便知。"

鲁肃感到莫名其妙，但也不再发问。诸葛亮随即命令把二十条船用长索连在一起，朝江北曹军大营的方向开去。

外面一片漆黑，浩浩江面上大雾弥漫，能见度极低，甚至连对面都看不清楚。五更时分，船队已经靠近曹军水寨。

这时，诸葛亮下令将船只头朝西、尾朝东，一字摆开，横在曹军寨前。然后，他又命船上的士卒一边用力擂鼓，一边高声呐喊，故意制造出击鼓进兵的假象。

鲁肃见状，吃惊地说："我们只有这几个人，如果曹军冲杀过来，可怎么办？"

诸葛亮笑着说："江上雾大，曹操绝不敢派兵出战。你我只管放心地饮酒取乐，等到天亮了就回去。"

曹营中忽然听到江上传来鼓声和呐喊声，慌忙去报知曹操。正如诸葛亮所料想的那样，曹操传令："江上雾气太大，敌人忽然来攻，恐怕有埋伏。我们看不清虚实，不要轻易出战。只调弓弩手来朝他们射箭，不让其靠近营寨便是。"

于是曹操急忙派人去旱寨调来弓弩手六千人赶到江边，会同水军射手共约万余人，一齐朝江中放箭。

一时间，箭如飞蝗，除了部分落入水中，其余的纷纷射在船边的草靶上。过了一会儿，船身开始倾斜，诸葛亮又从容地命令调转方向，船头朝东，船尾朝西，一字排开，并命士卒更加大声地擂鼓呐喊，逼近曹军水寨。

等到天渐渐亮了，雾快要散尽的时候，船两边的草靶上全都密密麻麻地插满了箭枝。诸葛亮命令所有的军士齐声高喊："谢谢曹丞相赐箭！"同时命令船队掉头返回南岸。

等到曹营兵卒将此事报知曹操后，曹操才知道自己上了大当。但是诸葛亮的船队此时早已驶出了二十多里，就算马上派水军去追赶也来不及了。白白损失了十万多支箭，曹操心中懊恼不已。

在返回的途中，诸葛亮对鲁肃说："每条船上大约有五六千支箭，二十条船加起来总共有十万多支。来日用曹操的箭射曹军，那不是很好嘛！"

事后，鲁肃回到中军大帐，见了周瑜，将诸葛亮借箭的经过详细说了一遍，周瑜大惊，感慨道："诸葛亮的确神机妙算啊。"

诸葛亮草船借箭正是靠的"混水摸鱼"之计。江面大雾便是"混水"，而曹军的十万支箭便是"鱼"。诸葛亮借着天降浓雾之机，摸到了"鱼"，顺利完成了周瑜交代的任务。

刘备混水摸鱼取南郡

趁着混乱乘机捞取利益，这是"混水摸鱼"的显著特点。刘备就是用了此计，成功夺取了南郡。

赤壁之战中，曹军大败，曹操不得不率领残兵败将退回许昌。临行前，曹操派大将曹仁驻守南郡（今湖北公安），以防止孙权北进。

实际上，孙权和刘备两家都在打南郡的主意。赤壁大战的胜利，孙权信心大增，于是派周瑜、程普等人乘胜追击，准备攻取南郡。与此同时，刘备也移师至油江口，意在夺取南郡。

在攻打南郡之前，周瑜先发兵攻下了彝陵（今湖北宜昌），然后乘胜攻打南郡。曹仁假装不敌，率军弃城而去，却暗中在城内埋下伏兵。周瑜中了诱敌之计，刚率军入城，就见乱箭从四周飞来，周瑜也中了一箭。

众将保护周瑜杀出一条血路，回营后医治，才发现箭头有毒。医生叮嘱周瑜必须静养，万万不可动怒，否则毒入心脉，将无力回天。

曹仁见周瑜中了毒箭，非常高兴，知道此伤不宜动怒，于是故意每天派人到周瑜营前叫骂。周瑜手下众将怕他知道了生气，于是坚守营门，不肯出战。但曹军骂声太大，还是被周瑜听见了，周瑜气得当场就要应战，被众将苦苦劝住。

一日，曹仁亲自率领大军去东吴营前挑战，周瑜怒不可遏，带领人马就往外冲，东吴众将阻拦不住。开战不久，周瑜忽然大叫一声，口吐鲜血，坠于马下，众将大惊失色，赶紧将其救回营中。回营后大家才知道，周瑜早就打定主意将计就计，借此哄骗敌人。

没过多久，周瑜箭疮发作死去的消息迅速传开了。同时，东吴军营中奏起了哀乐，挂起了白幡，士兵们都戴着白孝，哭声震天。

曹仁闻讯，大喜过望，想着周瑜刚死，东吴群龙无首，军心涣散，正好趁机前去劫营，不仅能大败吴军，还能割下周瑜的首级，送到许都请赏。

趁着夜色，曹仁亲率大军前去劫营，只留下陈矫带领少数军士守城。曹军冲进周瑜大营，却见营中空荡荡的，一个人影也看不着，四下里寂静无声。曹仁知道中计，急忙下令退兵，但已经来不及了，只听一声炮响，吴军从四面八方杀出，为首大将正是"已经归天"的周瑜。

曹军心慌意乱，无力抵抗，曹仁好不容易杀出重围，想要退返南郡。但周瑜早已料到这一点，预先在通往南郡的道路上埋下伏兵，曹仁受到阻截，只得往北逃去。

周瑜大胜曹仁后，立即挥军直奔南郡而去。但是，等周瑜率部赶到南郡城下时，却见南郡城头已布满旌旗了，城头上站着一员大将——赵云。

原来，赵云奉诸葛亮之命，趁着周瑜和曹仁激战之时，轻松地拿下了只剩老弱残兵的南郡。诸葛亮又利用夺得的兵符，派人冒充曹仁连夜前往各处求援，很容易就夺取了荆州、襄阳。

在这场战役中，刘备趁着周瑜与曹仁大战的机会，采用"混水摸鱼"的计谋，轻而易举地拿下了南郡。

张守珪平契丹

"混水摸鱼"之计成功的关键，在于先把"水"搅浑了，然后趁着敌人摸不清我方的真实意图的时候，果断采取行动，给对方以致命一击。张守珪平定契丹的事迹，就是对混水摸鱼之计的一次成功运用。

张守珪，唐朝名将。开元十七年（公元 729 年），契丹发动叛乱，大举进犯唐朝疆土。唐玄宗任命张守珪为幽州节度使，负责平定契丹之乱。

张守珪来到幽州后，一面积极整顿人马，训练士卒；一面加强幽州城防，将城墙加厚加高。契丹大将可突汗连攻数次，但均被打退。

一天，可突汗突然派使者来到幽州拜见张守珪。张守珪心中疑惑，便命军队加强戒备，然后打开城门。契丹使者自称是来投降的，说是可突汗愿意重新归顺朝廷，永不进犯。实际上，这只是一个借口，突可汗是想趁此机会探听唐军的虚实。

张守珪见契丹兵力强盛，但是偏偏在这时主动求和，知道其中必定有诈。但他并没有揭破契丹的阴谋，而是将计就计，客气地接待了来使，还说："既然可突汗派你来表示和好之意，我会派人随你到贵处去慰问可突汗。"

第二天，张守珪派王悔代表朝廷随契丹使者前往可突汗营中持节宣抚，并叮嘱王悔一定要设法摸清契丹的情况。

王悔来到契丹营中，对可突汗说明了自己的来意，可突汗假意设宴盛情款待。王悔牢记自己的任务，在酒宴上留心观察契丹众将的一举一动：有的是真心实意地举杯相邀；有的则是虚与委蛇，表面热情，眼里却暗藏凶光。王悔由此断定：契丹众将对朝廷的态度并不一致。

随后，王悔发现契丹士卒中有一个人是自己认识的。两人交谈了一会儿，王悔从这名士卒口中探知，分掌兵权的衙官李过折与可突汗素有嫌隙，两人谁也不服谁，只是表面上假装友好罢了。

听到这一情况后，王悔决定利用它挑起契丹军的内讧，乘机铲除可突汗。于是王悔特意去拜访李过折，假装对他和可突汗之间的矛盾一无所知，当着李过折的面大肆夸赞可突汗的才干，以激起李过折的嫉妒之心。

李过折听了，果然怒火中烧，愤然道："都是因为可突汗挑起了这场战争，才导致生灵涂炭，他有什么才干？"李过折还告诉王悔，契丹这次求和根本是出于假意，可突汗早已在暗中向突厥借兵，不日就要攻打幽州。

王悔听后，知道时机已经成熟，便劝说李过折归顺唐朝，他说："唐军兵势很盛，可突汗最后肯定会失败，李将军你一世英雄，论才能并不输于任何人。只要你能除掉可突汗，便是立了大功，我会向天子保举你，让你得到王爵。"

王悔此言正中李过折下怀，当即表示愿意归顺朝廷。王悔见大功告成，又探知可突汗已经派人去突厥搬救兵，便立即辞别可突汗，赶回幽州，把情况告诉张守珪。

王悔走后的第二天晚上，李过折果然率领本部人马突袭可突汗大帐。当时可突汗正在熟睡之中，毫无防备，结果在乱军中被杀。

不过，李过折素来骄横狂妄，不得人心，这次袭杀可突汗，引起了可突汗的亲信和其他将士的不满。忠于可突汗的大将涅礼得知此事后，立即召集人马，与李过折展开激战，很快就杀了李过折。但李过折的军队并不投降，仍旧顽强抵抗，契丹军队陷入一片混乱之中。

张守珪探得消息，立即亲率大军前往契丹大营。唐军冲入契丹军营时，契丹军正在火拼，张守珪乘势发起猛攻，很快大破契丹军，斩杀无数，并生擒涅礼。契丹叛乱就这样被平息了。

张守珪之所以能平定契丹，关键在于先挑起了敌人的内讧，使之

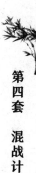

自相残杀，把"清水"搅浑之后，再趁乱下手，果然摸到了"大鱼"。

商业案例

"金星"把水搅浑而赢得商机

"混水摸鱼"应用到商业上，可以为己方捞取更多的利益。

在金星金笔厂创办之初，一般人都以购买国外金笔为荣，国产金笔名不见经传，要想打开销路非常困难。

当时，上海中华书局、商务印书馆、大新、永安这四大公司均出售外国金笔。金星金笔厂要想打开销路，首先必须让自己的产品能进入这四大公司。

其中，永安公司一向以"环球百货"为经营宗旨，并因为选货严格、服务周到而在消费者中享有极佳的口碑，营业额一直居于榜首。国产商品无不以进入永安为荣——这是因为，一旦进入永安，商品就成了"精品"，从而身价倍增。

金星金笔厂创始人周子柏自然也将目光重点瞄准了永安公司。为了让产品能在永安的柜台上占有一席之地，他煞费苦心，精心策划了一个营销方案。

周子柏动员周围所有的亲朋好友，时不时就去永安公司询问："你们这里有没有金星金笔？""怎么金星金笔还没有上柜啊？"

这一招果然奏效，永安公司购进了少量的金星金笔进行试销。

试销期间，周子柏不惜自掏腰包，拜托亲朋好友们尽速将样笔全都买走，制造一种热销的假象来引起永安公司的注意。

不过，金星金笔本身质量过硬，用实力说话，渐渐地也就有了真正的购买者，从而树立起了自己的品牌。

在这种情况下，永安公司终于消除了疑虑，放开手脚大量进货。

金星金笔之所以能够走俏，一方面靠的是产品本身，另一方面得益于周子柏高明的推销手腕，他先把水搅浑，然后乘机将笔销售出去。

每一位经营者都想从市场这个水塘中摸到大鱼，但并非每个人都能如愿以偿。只有那些独具慧眼、手腕灵活的经营者，懂得趁着"水混"的时候，凭借能力和智慧悄悄地把"鱼"摸去。

鸟村施诈术，公司间相互倾轧

在市场竞争中，各方关系错综复杂，聪明的经营者能够利用这一点坐收渔人之利。

1988年，以经销东北玉米为主要业务的北国粮油贸易公司刚刚成立，由于省内外经销单位很多，所以销路一直不畅，交易额较少，效益不好。

公司的经理张某对此十分着急，想尽各种办法以扩大公司的市场。就在他四处找销路的时候，省经济和信息化委员会的工作人员向他介绍了一位名叫岛村一郎的日本客户。

岛村是日本某化工公司的业务经理，他这次来中国，目的是为其公司订购一批生产所需的原材料，也就是张经理急于脱手的商品——玉米。

张经理自从上任以来，还未能在公司经营上作出成绩，这次遇到了一位大客户，便想着使出浑身解数把产品推销出去。他不仅热情周到地款待了这位客户，还向岛村表示愿意提供最优惠的条件。

对于这一切，岛村表示了感谢。他与张经理交谈了数次，又查看了样品，随即表示愿意促成这笔买卖，并向张经理询问出售价格。张经理给出的报价是每吨 32 美元，为了表示合作的诚意，张经理并没有要高价，这是当时的市场价格。

谁知岛村却流露出惊讶的神情，说："张经理，我真是想不到，你竟然如此没有诚意。这么高的要价谁受得了。我看这笔买卖还是不要谈了。"说罢，把一头雾水的张经理晾在一边，径自离去。

从那以后，岛村对张经理避而不见。张经理托人给岛村捎话说价格可以再商量，但岛村仍然推辞了，张经理有些不知所措。

正在这时，张经理接到了一个电话，对方自称是大连某家粮油公司的职员，并说："请问岛村先生是否曾与贵公司商谈过进口玉米的事宜？"

"是的。"张经理回答。他听说过这家公司，但并没有直接接触过。

"请问，你们给出的报价是多少？"

"每吨 32 美元。"

"好的，谢谢，我只是随便问问。"

放下电话后，张经理心想：看来岛村是打算另找合作伙伴。不行，我不能放过这个大好的机会，一定要做成这笔交易。

于是张经理当即开车赶到岛村下榻的宾馆，表示愿意每吨降价一美元，即以每吨 31 美元的价格成交。

岛村摇了摇头，不屑地说："张经理，你要知道，我的订货量是很大的。你这样没有诚意，叫我该如何做呢！"

每吨 31 美元已经低于市场价格了，公司将会为此损失一大笔利润，可即便如此，岛村仍然不满意。张经理感到左右为难。

在接下来的几天中，张经理又陆续接到了来自辽宁和黑龙江的两家企业的电话，内容和之前一样，也是询问给岛村的玉米的报价。

张经理心想。这个岛村真是狡猾，做了好几手准备，看来这笔买卖没那么容易达成。尽管困难重重，但这笔交易数额可观，如果就此罢手，之前所花费的时间和精力就白白浪费了，这是他绝对不想看到的。

张经理暗暗下定决心，不管怎样也要促成这笔交易。

于是他又去找岛村，表示愿意把价格压到每吨 30 美元，这已经达到了价格最低点，也就是说，如果以这个价格成交，所获的利润将微乎其微。

但岛村并没有显出动心的样子，反而狡猾地一笑，说："张经理，实不相瞒，我已经与黑龙江、辽宁几家公司洽谈过，他们给出的最低报价是每吨 29.5 美元。"

张经理听了，暗自想道：每吨 29.5 美元，恰好是盈亏分界点的价格。如果这笔买卖做成了，己方虽然不赔本，但也赚不到什么钱。对于岛村的精明，他不由地暗暗佩服。

同时，张经理还在盘算另外一件事情，自己目前没有那么多库存来完全满足岛村所要的货物数量。不过如果这项交易能达成，自己再以较低的价格购进一些，还是可以获得一定的利润。

反复权衡了一下，张经理决定答应岛村的要求："好吧，就以每吨29.5美元的价格成交，这次你总该满意了吧？"

岛村微笑着说："好吧，张经理，看来你还是很有诚意的。虽然其他公司给出的价格相同，但考虑到我们联系较早，所以我决定把这笔订单交给你了。不过，在作出最后的决定之前，我必须回去请示老板。这样吧，我马上回头去跟公司联系，等请示之后，后天一早我们就签协议。"

听到这句话，张经理如释重负，长长地舒了一口气，然后他便按照岛村的提议，回去准备签约的事情。

但是，到了第三天早上，也就是双方约好签订合同的这一天，岛村一直没有露面。张经理不放心，便来到岛村所住的宾馆。却听宾馆的服务人员说，岛村先生昨天就已经退房了，他们也不知道他去了哪里。

张经理听完，一下子懵了，不知对方葫芦里卖的是什么药。

此事过去几个月，在一次洽谈会上，张经理见到了之前给他打电话的那家大连粮油公司的经理。两人在交谈时说到此事，张经理这才了解到，就在岛村与张经理讨价还价的同时，其助手也正在与大连粮油公司进行商谈。

岛村知道大连那家公司有足够的现货，为了能实现以最低价格购进货物的目的，他精心设计了自己与数家公司同时接触、密切商谈的假象，而这几家公司相互间并没有什么联系。岛村正是利用这一点使之相互压价，最后在它们的混战中坐收渔人之利。张经理恍然大悟，自己竟然在客观上扮演了帮助日本商人给同行压价的角色。

从上面这个案例中我们不难知道：面对想要混水摸鱼的对手时，首先应当保持冷静的头脑，千万不能被对方牵着鼻子走。遇到自己不熟悉的情况，更是不能掉以轻心，一定要把事情一件一件弄清楚，不能留给对方可乘之机。

【点评】

无论是两军对阵，还是商场较量，抑或是政坛角逐，取胜之道数不胜数，而混水摸鱼便是一种有效的方法。这是因为，施行此计可以轻易达到目的，需要付出的代价往往也比较小。不过，混乱的局面并不能经常出现，一旦碰上，那就务必要牢记"机不可失，时不再来"八个字。

古代兵书《六韬》中列举了敌军衰弱的种种表现：士兵们交头接耳，窃窃私语，传播谣言，不畏惧军法，不尊重将领……如果发现上述情况，则说明"水已经浑了"，就应该乘机"摸鱼"，及时夺取胜利。

具体来说，混水摸鱼中的"鱼"有以下几种含义：可制服的敌人；可获取的利益；可利用的时机；可凭借的条件；可争取的力量。

在浑浊的水中，鱼儿辨不清方向乱撞；在复杂的战争中，某一方经常会因为种种原因而出现观望、动摇的情况，这时就有了可乘之机。

总之，"混水"二字乃是运用此计的必要条件，它可以分为两种情形：水本来就浑浊，我方抓住机会"乱而取之"；水本来是清澈的，我方故意将水搅浑，再趁乱"摸鱼"。二者相较，自然是后者的难度比前者大一些。因为更多时候，没有那么多可乘之机，光靠等待是没有用的，得自己主动去创造，让情况变得更加复杂，然后见机行事。就计策而言，"混水摸鱼"要比"趁火打劫"更具有谋略，因为它要求指挥者在运用的过程中发挥出更大的主动性。

第二十一计　金蝉脱壳

【原文】

存其形，完其势①，友不疑，敌不动。巽而止蛊②。

【注释】

①存其形,完其势：保存阵地已有的战斗形貌,进一步完备各种作战态势。

②巽而止蛊：语出《易经·蛊》，这里指暗中转移兵力，防止敌人造成危害。巽，退让。蛊，惑乱。

【译文】

保存阵地的原形，进一步完备作战态势，使友军不怀疑，敌人不敢轻举妄动。我方却趁机秘密转移了主力，安然躲过了战乱之危。

【计名讲解】

"金蝉脱壳"本是一个成语，它的字面意思是蝉脱去外壳的蜕变，

后用来比喻制造或利用假象脱身，使对方不能及时发觉。或比喻事物发生根本性的变化。

此计名出自《元曲选·朱砂担》第一折："兄弟，与你一搭儿买卖呀，他倒过个金蝉脱壳计去了也。"

金蝉脱壳用到军事上，指的是留下虚假的外形来稳住敌人，自己则暗中撤退或转移，以实现脱离险境或迂回到其他作战地点的目的，这是一种走而示之不走的策略。

古人的按语说："共友击敌，坐观其势。尚另有一敌，则须去而存势。则金蝉脱壳者，非徒走也，盖为分身之法也。故我大军转动，而旌旗金鼓，俨然原阵，使敌不敢动，友不生疑，待以摧他敌而返，而友敌始知，或犹且不知。然则金蝉脱壳者，在对敌之际，而抽精锐以袭别阵也。"意思是：与友军联合作战的时候，要仔细察明敌、友、我三方的态势。倘若另外又发现敌人，那就必须保持原有阵势而分兵对敌。使用此计，并不是要一走了之，而是分兵合击战胜敌军的战术。所以，当我方主力转移之后，仍要旗帜招展、锣鼓齐鸣，以保持原先的阵势。这样，敌军就不敢随意妄动，而友军也不会对我怀疑了。等到击溃别处之敌胜利而返时，友军和敌方才能发现，或是仍然没有察觉。金蝉脱壳之计，实际上是对敌作战时，暗中抽调精锐部队去突然袭击别处敌军的奇谋。

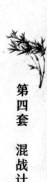

名家论《三十六计》

　　金蝉脱壳是一种积极主动的撤退和转移，这种撤退和转移又是在十分危急的情况下进行的，稍有不慎，就会带来灭顶之灾。因此，应该冷静地观察和分析形势，然后坚决果断地采取行动。而且在整个过程中都应该隐秘进行，不能让任何人发觉。

——薛国安

● 金蝉脱壳

　　是一种摆脱敌人、转移或撤退的分身之法。保存阵地的原形，造成还在原地驻守的气势，使友军不怀疑，敌人也不敢轻举妄动。在敌人迷惑不解时，隐蔽地转移己方的主力。

摆脱敌人的战略方法

壹
需要战略转移

贰
切勿惊慌失措，消极逃跑

叁
保存阵地原形，造成我军尚在原地防守的形势

友军方面不会怀疑我军撤退

敌军方面不会贸然进犯我军

暗中转移兵力阻止敌人进犯

悬羊击鼓

"金蝉脱壳"是指制造或利用假象脱身，使对方不能及时发觉，毕再遇"悬羊击鼓"而脱身，就是用了一招金蝉脱壳之计。

南宋开禧年间，金兵见宋室软弱，屡屡南下进犯。

南宋名将毕再遇多次与金军对垒，并打了好几次胜仗。金兵为歼灭毕再遇的军队，遂调集数万精锐骑兵，打算与毕再遇展开一场决战。

这时，毕再遇只有几千人马，而金军的增援部队却越来越多。两军实力相差悬殊，如果与金军决战，必败无疑。鉴于敌众我寡的态势，毕再遇准备暂时撤退，以保存实力。

但当时金军已经兵临城下，如果宋军公开撤退，金兵发现后一定会全力追击。那样的话，宋军肯定会损失惨重。

以往与金兵交战时，毕再遇总是命令手下将士擂鼓不止，认为这样既能威慑敌军，又能鼓舞己方的士气。一旦全营撤退，鼓声必将停止，到时候就会引起敌人的注意。

怎样才能瞒着金兵悄悄将部队转移呢？毕再遇苦苦思索。这时，帐外忽然传来阵阵马蹄声，毕再遇眼前一亮，想出了一条妙计。

于是，毕再遇召集众将商议撤退之事，他说："现在敌众我寡，

为保存我军实力，必须主动撤退。当然，撤退必须悄悄进行，越隐秘越好。但如果我方营中的军鼓声突然停止，势必被敌人发现。我有一计，可以让我军安全撤离。"于是他小声对属下嘱咐了一番，让众将依计行事。

毕再遇先暗中做好了撤退部署，等到深夜时分，突然下令兵士擂响战鼓。金军听见宋营中传来隆隆的战鼓声，以为宋军趁夜劫营，遂匆匆忙忙集合部队，准备迎战。

谁知道等了半天，只听到鼓声一直在响，却始终不见一个宋兵出城。一整晚，宋军都在连续不断地击鼓，搅得金兵整夜不得安睡。第二天，金军将领似有所悟：宋军这是在施用疲兵之计，想用战鼓搅得我们不得安宁，等到我们疲惫不堪的时候再发动突然袭击。

金军将领自以为识破了宋军的"诡计"，而宋营的鼓声连续响了两天两夜。这一举动越发让金军将领肯定了自己之前的猜测，于是传令全军将士一切行动如常，对鼓声不予理睬。

到了第三天，宋营的鼓声逐渐减弱，金军将领断定宋军已经疲惫，于是将部队分成几路，小心翼翼地向宋营包抄。走近后，见宋营毫无动静，金军将领令所有士卒一拥而上，迅速冲进宋营，却发现整个营寨空无一人，根本找不到宋兵的影子，这才知道上了当，而此时宋军早已经集体安全撤离了。

原来，毕再遇用的正是金蝉脱壳之计。他先命手下士兵找来数十头羊，临行前将羊的后腿牢牢绑在树上，羊被倒悬之后，因为难受便使劲儿挣扎，两只前蹄不停地蹬踢。毕再遇又命人在羊下面放了几十面战鼓，让羊的两只前蹄抵在鼓面上，随着羊腿拼命蹬踢，隆隆的鼓声不断传出；在鼓声的掩护下，宋军轻装简从，悄悄撤离了军营。

毕再遇用悬羊击鼓之法，成功迷惑了敌军，为己方争取了两天的时间，使全营将士安全转移。

宋江私放晁盖

在元末明初的小说《水浒传》中，施耐庵曾写过一个故事，说的是宋江在做押司的时候，听说官府要捉拿义兄晁盖，于是采用"金蝉脱壳"之计，偷偷地把这一消息告知晁盖，这才使晁盖避免了一场牢狱之灾。

这个故事要从"智取生辰纲"说起。原来，晁盖等人听说有人给太师蔡京送生辰纲，便使计劫夺了它。蔡京知道后大怒，责令济州知府在十天之内必须捉到劫走生辰纲的强人。

济州知府接到命令后，急忙派三都巡捕使臣何涛调查此事。何涛下去后，经过一段时间暗查，听说劫生辰纲的一干强人中，有一个叫"白日鼠"白胜的。何涛心想，只要抓住了白胜，就能顺藤摸瓜找出其他人，因此决定先捉拿白胜。

何涛带了几个公人连夜抓了白胜夫妻，又从床下挖出一包金银，然后将二人押到济州城。天亮后，知府升堂审讯白胜。白胜起初不肯招，但经不住毒打，只得招了为首的是晁盖，其他六人都不认识。

知府将白胜夫妇打入死牢后，命令何涛带着公文马上赶往晁盖所

在的郓城县，令郓城县立即协助捉拿晁盖等七名正犯，拿回赃物，然后押赴济州发落。

为不走漏风声，何涛带人连夜赶往郓城县。到达郓城县时，恰逢知县退了早衙，何涛便到衙门对面一家茶馆等候。

何涛问茶老板："今天县衙谁值日？"恰好对面一个吏员从衙门里走出来，茶博士指着他说："就是那位宋押司。"这位宋押司就是江湖上大名鼎鼎的"及时雨"宋江。

何涛向宋江说明来意，并让其向知县代为转告。宋江仔细询问了生辰纲被劫一事，何涛毫不怀疑，便一五一十地说了出来。宋江听完后大吃一惊，心里盘算着偷偷向晁盖等人通风报信。于是，宋江表面上假装痛恨劫生辰纲的"盗贼"，还对何涛说："晁盖本来就是个刁民，全县人没有一个不唾骂他的。现在他胆大妄为，自作自受，要捉拿他们就如同瓮中捉鳖，必定手到擒来。这封公文至关重要，必须由您亲手交给知县，让知县过目后再派人去抓捕犯人。"

何涛说："押司说的是，烦请引见知县。"

宋江说："知县大人正在吃饭，而且他早晨处理了不少公务，稍微歇息片刻后就会升堂处理公务，请您在此稍候片刻。我回家处理些私事，等会儿就请你去见知县。"

何涛认为宋江说得合情合理，便应允了。

原来，这正是宋江的"金蝉脱壳"之计。他稳住何涛后，骑上快马，飞快地直奔东溪村晁盖的家中。

这时，晁盖等七人正在家中。宋江见到晁盖，赶紧向他说明情况，并让他们赶快逃走。晁盖听后，大吃一惊，随后带着金银珠宝逃往梁山泊。等到何涛带兵赶到东溪村捉拿晁盖时，早已是人去屋空了。

王守仁遗诗避祸

刘瑾是明朝中期的宦官，他仗着明武宗朱厚照的宠信，独掌大权，飞扬跋扈，不仅欺压黎民百姓，还肆意残害忠良。

御史戴铣因为看不惯刘瑾胡作非为，甘冒风险上书弹劾他，结果反遭刘瑾诬陷，被削去官职，贬为庶民，还被发配边疆。

王守仁当时任兵部主事，出于义愤上书为戴铣求情。谁知奏折却落入了刘瑾手中。刘瑾看了之后恼羞成怒，下令对王守仁处以五十大板的杖刑，然后将其贬为贵州龙场驿丞。

龙场驿荒凉偏僻，离京师有万里之遥，是一个人烟稀少的多山地区。当王守仁行至钱塘时，仆人忽然告诉他，说自己得到消息，刘瑾对他怀恨在心，派出刺客埋伏在半路，准备劫杀他。

王守仁却不以为然，说："你多虑了，我现在都已经失势了，还被贬到那么偏远的地方，刘瑾根本就不会把我放在眼中。"

其实王守仁只是表面上装作满不在乎，心里早就另有打算。

第二天，仆人起床后，却不见王守仁踪迹，他赶紧四处寻找，最后在枕边发现了两句话："百年臣子悲何极，夜夜江涛泣子胥。"看这语气，像是绝笔。

仆人看完后，心中立刻产生了不祥的预感，猜测主人一定是投江了。于是立刻赶往江边，却看见江水上浮着冠履，捞起来一看，果然是王守仁身上的衣物。

王守仁投江自尽的事就此传了开去，此事闹得沸沸扬扬，当然也传到了追杀王守仁的刺客耳中。他信以为真，便拿着王守仁的冠履回京复命去了。

实际上，这是王守仁巧施的"金蝉脱壳"之计。他知道，刘瑾心狠手辣，对得罪过自己的人都要赶尽杀绝。因此，就算能躲过一次刺杀，刘瑾还会源源不断地使出各种毒辣手段，除非王守仁死了，否则刘瑾绝不会罢休。

于是王守仁故布疑阵，掩人耳目，让人们对他的死讯信以为真。正当王守仁的好友在江边祭奠他时，他早已换上了一身道袍，藏身于五夷山中，静静地等待刘瑾末日的到来。

商业案例

库里恰克巧卖日货

从事商业活动，出现积压货物的现象非常普遍。如何把货物处理掉，以挽回经济损失？"金蝉脱壳"不失为一个好计策。

第二次世界大战爆发后，虽然美国采取了一些措施，如冻结银行资产、实行物资禁运等，以遏制法西斯的野心，但由于国内孤立主义盛行，依然打算像一战时那样隔岸观火，利用这个机会大发战争横财，因此迟迟不肯投入到战争之中。

1941年12月7日，日本偷袭美国在远东的军事基地——珍珠港，重创了美国太平洋舰队。随后，美国对日宣战，太平洋战争全面爆发。与此同时，美国还作出对日本进行经济制裁的决定，号召美国国民不要购买日货。

库里恰克是一个靠经营日货起家的美国小商人。二战爆发后，日货在国外，几乎处处受到抵制，所以日商给了外国的经销商极大的优惠。库里恰克利用这个机会，低价买进日本出产的玩具、工艺品等，发了一笔小财。尝到甜头后，库里恰克把自己的生意越做越大，经营的范围也越来越广，后来甚至还把全部资金都投入到购买日货上，准备像以前一样大赚一笔。但是，就在这时，珍珠港事件爆发了。

美国人痛恨日本，开始抵制日货，库里恰克的货品根本卖不出去。库里恰克也想过改做其他的生意，但之前所有的资金都已经投了进去，手头没有本钱。望着眼前堆积如山的日货，库里恰克不知所措，只好整天待在家里思考对策。

一天，库里恰克出门到郊外去散心，可是等了半天也不见一辆出租车经过。接着，他注意到许多人在挤公共汽车，不少中产阶级也在其中。

库里恰克看到这一现象，觉得很奇怪，便找人打听了一下，才知

道在自己闭门不出的日子里，当局颁布了《战时物资管理条令》，将不少物资列为军需品，并严格控制其供应，汽油正好是其中的一种。由于汽油短缺，私家车和出租车在马路上便很少出现了。

"都怪这场该死的战争，连物资也给卡死了。"库里恰克喃喃地咒骂道。这时他才注意到，街上以前遍布的广告已经有很多被爱国标语取代了。库里恰克一边看着这些标语，一边在心中琢磨起来，渐渐地，一个主意在他心中形成了。第二天，库里恰克去印制了一批商品广告单，上面印着以下文字："买日货是爱国行为！为什么？因为我们正在与日本交战，每购买一批日货，就省下了一批属于我们自己的宝贵资源；这些资源就可以用来生产军需品，为前方将士增加一份力量！爱国的人不可不买日货。"

对于每个人来说，谁不希望自己的国家能取得最后的胜利，谁不愿为战争的胜利作一点儿贡献，哪怕是略尽绵薄之力？库里恰克的宣传语，恰好迎合了人们内心深处的渴望，于是他手中这批日货在半个月内就被抢购一空，他不但没亏本，反而又赚了一笔大财。

李嘉诚金蝉脱壳

购买股票时，如果遇到很大阻力，不如把到手的股票转让给与自己关系密切且实力雄厚的人，这也是运用了"金蝉脱壳"的计策。

李嘉诚是香港著名的大富豪，他崛起于 20 世纪 70 年代，从事的是房地产业。

香港的每一块土地、每一栋房屋，李嘉诚几乎都认真观察过；每个上市公司的股市行情，李嘉诚几乎都分析透了；而且，李嘉诚还有一项绝技——"挖墙脚"，三者互相配合，才让他能对许多公司的绝密情报了如指掌。

正所谓"功夫不负有心人"，经过一番努力，李嘉诚终于获得了一项至关重要的绝密情报——怡和洋行是英国在香港最大的洋行，它虽然是九龙仓有限股份公司的大东家，实际上所占的股份却不到 20%，这说明怡和在九龙仓的基础非常薄弱。

而且当时尖沙咀已是繁华的商业区，九龙仓就在它旁边，地价自然也跟着一路飞涨，已经是寸土千金。即便如此，九龙仓的股票价格却多年保持不变，股票面值极低，这些都是李嘉诚争夺九龙仓的有利条件。

如果大量购入九龙仓股票，即使脱票，也可以和怡和公开竞购。只要出价相同，持股的百姓显然更愿意将手中的股份卖给中国同胞。

购足 50% 的股票，就能取代怡和成为九龙仓的大东家，然后就有权运用九龙仓的土地发展房地产，堪称一本万利。

李嘉诚当即决定，分散吸进九龙仓股票。从 1977 年起，他悄悄分散户名，吸进了 18% 的股份。

李嘉诚大量吸进股票，促使九龙仓股票每股从 10 港元飞速上涨至 30 港元，这一变化引起了怡和洋行的警觉。眼看着李嘉诚就要由偷袭

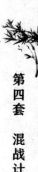

战转入阵地战。如果他在此时继续入股，怡和洋行必然进行回击，并以高价回收九龙仓股票。怡和财大气粗，李嘉诚的实力与其差距太大，如果公开对垒，只会惨败，但如果现在收手，之前所作的努力就付之东流了。

作为一个有头脑的商人，李嘉诚决定以退为进——他找了一个人，一个可以代替自己跟怡和作战的人，于是将自己手中的全部股票都高价卖给了这个人。

1978 年 9 月的一天，中环文华阁的某个高级包间里来了两位本地客人，双方进行了一次短暂而又神秘的会晤。虽然整个过程只有短短 20 分钟，却是一场非常关键的交易，因为它直接导致了价值 20 亿美元的九龙仓脱离了英资怡和洋行的控制。

这两位客人，一个就是李嘉诚，另一个则是船王包玉刚。李嘉诚将手头的 2000 万股票全部转卖给了包玉刚，而包玉刚将帮李嘉诚从汇丰银行中承购 9000 万股英资和记黄浦股票，这一结果可谓是皆大欢喜。

李嘉诚懂得知难而退，还能从退中获利，既卖了一个人情，又顺手赚了一笔。

包玉刚则借助李嘉诚的情报、信息以及卓越的判断能力，实现了多年的愿望。要知道，假如不是李嘉诚的这条妙计，包玉刚哪怕是出高价，也未必能直接买到九龙仓的控股权；更何况李嘉诚之前已经打好了基础，因此才能让他轻轻松松赢得价值 20 亿美元的九龙仓。

在这则故事中，李嘉诚在购买九龙仓的股票遇到困难时，及时出手转给实力雄厚的包玉刚，不但自己赚了一笔大财，也使包玉刚实现了掌控怡和洋行股权的目的，对李嘉诚来讲，这是一招成功的金蝉脱壳之计。

【点评】

"脱壳"的办法是多种多样的，其实质都是用诡诈之术迷惑敌人，伪装和掩护真实的行动企图。

运用"金蝉脱壳"之计，关键在于一个"脱"字；而面对的敌人不同，脱的方法也不尽相同。

运用此计时，应注意以下几点：首先，一定要选好时机，既不能过早，也不能过迟。其次，只要还存在胜利的可能，就应该继续战斗下去，非到万不得已，不要轻易使用这种计谋。再次，如果败局已定，必须及时撤离，决不可孤注一掷，须知战场之上，多停留一分钟，就多一分危险，也会减少一分生还的希望。

金蝉脱壳绝不是惊慌失措，消极逃跑。恰恰相反，使用此计需要认真分析形势，作出准确判断，然后转移队伍，摆脱敌人，这是一种积极的战略撤退和转移。

在进行撤退和转移时，通常都是在十分危急的情况下进行的，如果稍有不慎，就会有全军覆没的危险。因此，行动前应该冷静地观察和分析形势，坚决果断地采取行动，尤其要注意做好保密工作，绝不能在敌人面前露出半点儿破绽。

第二十二计　关门捉贼

【原文】

小敌困之①。剥，不利有攸往②。

【注释】

①小敌困之：对弱小或者数量较少的敌人，要设法去困围（或者说去歼灭）它。

②剥，不利有攸往：意思是小股顽敌行动诡诈难防，不利于穷追远赶。见《易经·剥》。剥，上卦为艮为山，下卦为坤为地，意即广阔无边的大地吞没山，所以，卦名曰"剥"。剥，剥离、剥削。攸，所、向。

【译文】

对于弱小的敌人本应围而歼之。不过，对于那些看起来势单力薄的小股顽敌，不宜穷追远赶。

【计名讲解】

"关门捉贼"是三十六计中的一计，意思是关起门来捉进入屋内的盗贼。此计计名首见于《三十六计·秘本兵法》中："捉贼而必关门，非恐其逸也，恐其逸而为他人所得也。且逸者不可复追，恐其诱也。贼者，奇兵也，游兵也，所以劳我者也。"重点说捉贼的关键是先要关好门。

关门捉贼本是民间谚语，它与另一民间俗语"关门打狗"的意思差不多。后来，人们把日常生活中的这种小智谋移用到战争之中。在军事实践中，它与兵家常用的围歼战、口袋阵等用法相近。古今中外战争史上，也有很多使用此计的战例。在中国古代战争史上，使用此计的著名战例，较早的有战国时代齐魏之间的马陵道之战、秦赵长平之战，汉初的楚垓下之战等，此后使用此计来消灭敌人的战例就更多了。

古人按语说：捉贼而必关门，非恐其逸也，恐其逸而为他人所得也；且逸者不可复追，恐其诱也。贼者，奇兵也，游兵也，所以劳我者也。《吴子》曰："今使一死贼，伏于旷野，千人追之，莫不枭视狼顾。何者？恐其暴起而害己也。是以一人投命，足惧千夫。"追贼者，贼有脱逃之机，势必死斗；若断其去路，则成擒矣。故小敌必困之；不能，则放之可也。

意思是：捉贼之所以必须关门，不仅是为了防止敌人逃走，而且还防止其逃去后为别人所得而利用。况且，对逃跑的敌人不要再追，这是防止中了他的诱兵之计。所说的"贼"，是指突然来袭、出没无常的敌人，他们的目的在于使我军疲劳，以便实现其企图。兵书《吴子》中写道："现在让一个亡命之徒，隐藏在广大的原野里，纵然派

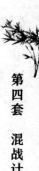

出一千多人去追捕，也会视而不见和顾虑重重的。这是什么缘故呢？因为，只要一人豁出命来，反而会使另外的一千多人畏缩不前。"所以，追赶盗贼的时候，如果盗贼发现有脱逃的机会，就会拼死搏斗；如果我军能断其归路，那么，盗贼就会产生绝望之心，（这么一来，他）非被我擒住不可了。因此，对于弱小的敌人，必须将其包围起来，然后再趁机歼灭；否则，暂时让其逃走，也不是不可以的。

● 关门捉贼

　　从字面上看，此计是一种围困并歼灭敌人、特别是小股敌人的策略。在施行这一计谋的时候，一般还得配合使用其他计谋。对付小股的敌人，要包围起来予以歼灭。零星散乱的小股敌人，虽然势单力薄，但是行动自由，不利于急追远赶。

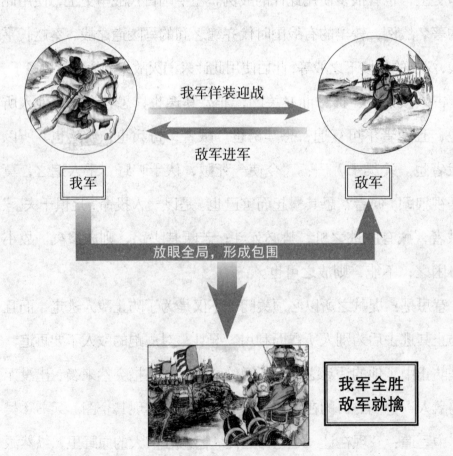

实用谋略

三河之战

关门捉贼，就是要对小股的敌军采取四面包围、聚而歼之的策略。它的特点是行动诡秘，出没不定，行踪难测。太平军取得"三河大捷"，就主要得益于对这一计谋的成功运用。

天京事变后，太平天国内部元气大伤，形势开始由盛转衰。对于清军来说，这是千载难逢的良机，于是趁势发起进攻。1858 年，曾国藩手下悍将李续宾率湘军主力攻占九江，之后又连克太湖、桐城、舒城等地，前锋直指三河镇。

三河镇是通往安徽省会庐州的咽喉要道，一旦三河镇失守，庐州也岌岌可危。因此，太平天国若想在安徽立足，就要拼死保住三河镇。

接到三河镇告急的文书，太平天国的青年将领、英王陈玉成便率本部人马星夜赶往三河镇，同时，他在路上也想出了一个"关门捉贼"的作战计划。

陈玉成率军首先截断了清军后路，同时命令庐州守将吴如孝会合捻军南下，切断李续宾部与舒城清军的联系。恰在此时，李秀成又奉洪秀全之命领兵前来作后援。经过这番调动，太平军对湘军形成了包

围之势，李续宾部则成了瓮中之鳖。

不久，陈玉成和李秀成兵分两路向李续宾的大营发起进攻，双方展开了激烈的战斗。

李续宾见形势危急，立即组织反击，向太平军发起了猛烈进攻，一度冲破了陈玉成的营垒。然而正在这时，天上突然降下浓雾，李续宾的军队就像掉进了迷魂阵中一般，无法辨别方向。太平军则趁势发起进攻，一举将李续宾部歼灭。紧接着，陈玉成和李秀成兵合一处，全力攻打湘军阵门，而三河镇的守将吴定规也瞅准时机从城内杀出，将湘军团团包围。一时间硝烟弥漫，杀声震天，湘军被杀得溃不成军，连失七座大营，最终大败而逃。这场战役被称为"三河之战"。

在三河之战中，太平军歼灭湘军六千余人，击毙清朝文武官员四百余人，其中还包括曾国藩的弟弟曾国华。李续宾则因全军溃败，走投无路，自缢而亡。

三河惨败的噩耗传来，曾国藩大为震惊，他沮丧地说："三河之败，歼我湘人殆近六千，不特大局顿坏，而吾邑士气亦为不扬。"而此前开始走下坡路的太平军则借助三河大捷止住了颓势，重振了军威。

在三河之战中，湘军孤军深入，犯险冒进。李续宾仅率数千人自湖北东犯，入皖之后，处处分兵驻守，结果"兵以屡分而单"。太平军以陈玉成、李秀成、吴定规三部，合围湘军李续宾部，形成"关门捉贼"之势，使湘军成为瓮中之鳖，最终实现了大胜。

白起于长平大败赵括

历史上著名的长平之战，也是一场运用关门捉贼计的典型战役。

公元前262年，秦昭王派大将白起攻打韩国，很快便攻占了野王城，这就切断了韩国上党郡和国都之间的联系。为了使秦国退兵，韩国想献出上党郡，与秦国讲和。但是，上党郡守冯亭不愿降秦，他请求赵国发兵援救上党郡。

秦昭王四十七年（公元前260年），秦国再次派左庶长王龁攻打韩国，取得了上党郡。上党的百姓纷纷逃往赵国。当时，赵国在长平（今山西省高平市长平村）屯有重兵，而长平又临近上党，这对秦国构成了威胁。四月，王龁率领大军进攻长平，赵孝成王派大将廉颇率兵拒秦。于是，秦、赵长平大战爆发了。

长平之战开始后，赵军损失严重。廉颇根据秦强赵弱、初战失利的不利局面，决定采取坚守营垒的战略。尽管秦军多次向赵军发起进攻，但廉颇一直拒不出兵。双方僵持多日，秦军没能取得胜利，只好撤兵而回。这时，赵国发生灾荒，国内缺粮，赵孝成王担心军粮难以维持，遂多次催促廉颇主动出战。而秦相范雎趁机派人带重礼向赵国权臣行贿，用离间计挑拨赵国君臣的关系，散布流言说：秦国所痛恨、畏惧的，

是马服君赵奢的儿子赵括；廉颇容易对付，他快要投降了。此时，赵王正因廉颇拒不出战而恼怒，而且赵国士卒又伤亡惨重，他听到流言，信以为真，便派赵括替代了廉颇，命赵括率兵击秦。

赵括刚一上任，便更改廉颇的部署，大批撤换将领，使赵军战力大大降低。秦王见赵国中了计，暗中任命白起为将军、王龁为副将，率领大军直奔长平。为了避免引起赵军的注意，秦王下令军中严守这一机密。

白起知道赵括只会"纸上谈兵"，而且还鲁莽轻敌，因此决定采取后退诱敌，分割围歼的策略。他下令前沿部队在赵军发起进攻时佯败后撤，将主力隐蔽在纵深构筑袋形阵地，另以精兵五千人，插入赵国先头部队与主力之间，然后再将赵军分割包围，直至消灭。

果然，赵括一下子中了敌军的"关门捉贼"之计。他在不明虚实的情况下，轻率地向秦军发起进攻。秦军假意败走，暗中张开两翼，伏下奇兵向赵军包抄过来。赵军乘胜追击秦军，秦军"逃入"壁垒。由于壁垒坚固，赵军根本无法攻入。白起见时机成熟，遂令两翼奇兵迅速出击，将赵军截为三段，切断了赵军粮道。赵军首尾分离，此时秦军又派轻骑兵不断骚扰赵军。赵军形势危急，只得坚守，以待救兵。秦王听说赵国的粮道被切断，便亲自前来督战，以鼓舞全军的士气。同时，秦王下令征发十五岁以上男丁从军，赏赐民爵一级，以阻绝赵国的援军和粮草。

赵军在长平断粮四十六天，军士饥饿不堪，自相残杀。赵括走投无路，只得重新集结部队，分兵四路轮番突围，但是仍旧无法冲出包围圈。赵括亲率精兵出战，被秦军乱箭射死。赵军失去主帅，顿时大乱。秦军趁势发起总攻，四十多万赵军士卒走投无路，只好投降了白起。

白起假意接受投降,待赵军士卒丢下武器后,白起下令将他们全部坑杀,只留下二百余名士卒,让他们回去向赵国报信。

长平之战中,白起诱敌深入,等赵军进入自己的伏击圈后,再将其分割成数段,使其首尾不能兼顾,然后集中兵力把赵军合围起来,最终全歼了赵军,这便是关门捉贼之计的一次成功运用。

黄巢二取长安

如果敌人数量较少,攻击力不强,那么不妨将他们围困起来一网打尽。唐朝时,起义首领黄巢就利用唐军在盲目庆功的时机,用一个"关门捉贼"的计谋,歼灭了敌人,反败为胜。

公元880年,黄巢率起义军攻陷了唐的都城长安。唐僖宗仓皇逃往四川成都,不久又集合兵力,准备夺回长安。公元881年,唐军大举反攻长安,所到之处,势不可当,杀死了黄巢数员大将。眼看多路唐军已经打到长安周围,黄巢只得将全部人马撤出长安,出城向东退去。

抵达长安的唐军迟迟不见起义军出城抵抗,觉得非常奇怪,便开进了长安城。他们发现黄巢大军已全部撤走,顿时欣喜若狂,开始得意忘形起来,全然不记得黄巢还没有走远,战争还在继续。唐军目无军纪,在长安城里胡作非为,大肆饮酒不说,还随意劫掠百姓财物,惹得民怨沸腾,而军中将领也对此睁一只眼闭一只眼,纵容他们作奸犯科的行为。

黄巢当然不甘心将长安城拱手相让，他要人返回长安城中打探唐军的情况。不久，探子回来，向他汇报了唐军的混乱情况。黄巢心下大喜，马上下令回师攻城。

此时，唐军将士正在长安城里庆祝"胜利"，对即将来临的厄运浑然不觉。黄巢则顺势主导了一场关门捉贼的好戏，他率部队在夜色的掩护下杀入长安，打了唐军一个措手不及。唐军连应战的准备都没来得及做，便稀里糊涂地丢了性命。

黄巢干净利落地夺回长安城，并以长安为据点，又接连打了几场胜仗，收复了几个战略要地。

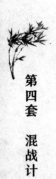

商业案例

对国外连锁经营特色的"探秘"

海外零售业中有种颇有效益的经营方式，即连锁经营商店，这种经营方式体现了"关门捉贼"的要义。

连锁商店是零售商业、服务业的一种组织形式，它多指分散营业及经营同类商品或服务的中小企业。这是一种多店铺组成的、集团性的商业组织形式，在总部领导下，各企业像锁链一样组合成为一个整体，所以称之为"连锁"。

在全球商业市场上，有一些非常著名的连锁店，通常由一个较大的零售集团来运营，进行统一的管理与集中的采购。这些连锁百货店往往因为物美价廉的商品、细致周到的服务以及一些便利的人性化业务，受到消费者的欢迎，因而树立起良好的口碑，成为高客流、高效率、高收益的人气百货。

连锁店这种经营模式，最早始于1859年的美国，至今已经有了一百五十多年的历史，而且它越来越显示出顽强的生命力。为什么这种模式能够长久不衰呢？主要是因为其在百变的市场竞争条件下，适应了众多中小型企业求生存、谋发展的需要。多个中小型企业联合起来，互相帮助，合成一个整体力量，既能得到可观的利润和稳定的发展，又能与大型企业分庭抗礼，还能加强市场机制，减少资源浪费。除此以外，在商业服务业中，由于顾客分散，消费面广，所以连锁经营方式既可以满足商业分散的特点，也可以发挥规模方面的优势。

连锁经营的特点在于，它能发挥大批量、低价格的成本优势以实现最大经济效益，这是独立经营难以做到的；连锁经营形式更便于实现专业化、标准化、一体化，使整个集团的经营达到高度统一；便于实现连锁店一体化的横向经营与资本联合、资本融通、经济协作联结纽带的产、供、锁纵向一体化经营，从而产生综合经济效益。

连锁店按所有权构成的不同可划分为直接连锁（指同属于一个资本的统一经营的店铺）、自由加盟连锁（指各店铺的经营保留单个资本所有权，是自愿连锁，由独立的加盟店和总部组成）的特许加盟连锁。

连锁店是美国商业的主要形式。以 1859 年创办的美国大西洋茶叶公司为例，它是全世界第一家连锁商店，到 1930 年时已有 11% 的零售商店采用这种方式经营。在 20 世纪 50 年代，美国人口渐渐往郊区流动，连锁经营在这种形势下如鱼得水，很快发展到全国各地，主要集中在百货、杂货、服装、五金、汽油服务、餐饮等行业。到八九十年代，连锁店发展更为迅速，连锁形式渗透到零售、批发、饮食、食品加工、信息服务等行业，不仅形成了跨国甚至国际性的连锁经营形式，而且出现了许多发展迅速的连锁店。

连锁经营成功的秘密在于"关门经营"，这如同行业协会，同行业有统一的联盟，在价格、种类等方面有很大的优势；同时实行统一采购、统一配送、统一宣传的方式，把同行业的优势都集中起来。这种方式与行业垄断有异曲同工之妙。

名家论《三十六计》

"小敌困之。剥，不利有攸往。"这是本计的解语。我们来仔细分析这句解语的意思：困是围困，意思是对弱小或者数量较少的敌人，要设法去围困他。"剥，不利有攸往。"这句话出自《周易·剥》，意思是说对小股敌人要即时围困消灭，而不要去急追或者远袭。综合起来，原文的意思就是：对弱小的敌人，要加以包围、歼灭。如果纵其逃去而又穷追远赶，那是很不利的。这是从《周易》剥卦卦辞"剥，不利有攸往"一语中悟出的道理。

其实，关门捉贼围歼敌人之策，不仅限于"小敌"，在掌握战争主动权的前提下，也可以设法歼敌主力。其战术就是常用的伏击战，也叫"口袋战"。即通过在预定的战场上，四面埋伏，布设"口袋"，"请君入瓮"，使敌人处于被动不利的境地。在军事谋略的运用上，关门捉贼与欲擒故纵的意思正好相反，它是根据战争的具体情况，采取迂回包围的战法，一举歼敌，不使漏网。

……三十六计的各项计谋可以单独使用，也可以配合使用，可能在使用前定好的某一计，在使用过程中会随着战场情况的变化而临时调整成为另一计。高深精妙，瞬息万变，这正是战争的绝妙之处，也是研究兵法之士一生追求的最高境界。

因此，运用关门捉贼的谋略，应着眼于全局，选择适当的关门时间、地点和关门的方式，同时，还应该因势用计，因情变通。如果围之全歼有困难，或围之有可能造成困兽犹斗，得不偿失，就应虚留生路，让敌人逃跑，再在运动中伏击敌人。究竟如何运用这一计策，应根据战场具体情况，灵活运用。关门捉贼另外一个重要条件是集中兵力、兵器。中国古代兵家十分重视关门捉贼之计。如《孙子兵法·谋攻》中就说："故用兵之法，十则围之，五则攻之，倍则分之。"（意思是：若我方兵力为敌方十倍，则可以围攻它；若我方兵力为敌方五倍，则可以从正面进攻它；若我方兵力是对方的两倍，则可分兵相对。）毛泽东也十分重视这一战术，如他在《抗日游击战争的战略问题》中曾说："要集中优势兵力……包围敌人而消灭之。"否则，兵力、兵器不足，是难以达到关门捉贼这一目的的。

——薛国安

请君入瓮——"斯航"的成功之道

处于同一地带的几间商店，经营相互关联的产品，如你经营成衣，我经营领带、胸花、袜子、内衣等；或者你专营食品，他专营烟酒等。这种经营类似于"配套经营"，其优点就是能"关门捉贼"，即能吸引顾客，使顾客在一个区域内就完成购买行为。

一个商业区域内可以用"关门捉贼"的计谋吸引大量顾客，而一个公司、集团也可以通过建造完善的服务体系，对客户实施配套服务，这样才能"捉住"更多的顾客。

1980 年，爆发了第二次石油危机。瑞典的斯堪的那维亚航空公司因为连续两年亏损，声誉越来越差。正当斯堪的纳维亚航空公司处境艰难之时，卡尔崇出任了该公司总裁。

为了挽救危机，重获信誉，卡尔崇进行了一系列改革。其中最重要的就是在空中、地面推行了一套新的服务标准。

卡尔崇改革措施的第一条是：以优质的服务来吸引因公出差人员。

卡尔崇经过细致调查，根据掌握的资料对因公出差人员的心理进行了分析。一般来说，因公出差人员的机票都要报销，所以，他们对机票价格的高低不在乎，却对服务质量很是挑剔。只有服务好，才能使他们感到满意。

于是，卡尔崇取消了大部分航班的头等舱，转而开设欧洲舱。欧洲舱设在飞机原头等舱的位置，并设有皮座椅，座位宽敞，且前后排间隔大，环境非常舒适，这就满足了因公出差人员要求服务好的心理。斯堪的那维亚半岛到欧洲其他地区的一些热门航线上，欧洲舱所占比重多达 60%。在大部分洲际航线上，欧洲舱的比重也能占到 30%。

卡尔崇改革措施的第二条是：对公司雇员进行培训。

为了更好地经营，卡尔崇对公司雇员进行多次培训，并在培训中反复强调，要想赢得更多客人，就必须在关键时刻向乘客提供关键服务。所谓"关键时刻"主要是指：办理登机手续时，以及登机出现问题时。卡尔崇发现，乘客一旦落座，可为他们提供服务的机会就几乎没有了。而这时的服务，其他航空公司做得一样好，乘客不会留下什么特别的印象。在关键时刻的服务，会深深地打动乘客。为了让这一服务得以有效执行，卡尔崇实行权力下放。当航班误点，机上服务人员不用经过许可就可以为乘客提供免费饮料等服务。任何职员都可以在乘客感到不满时，给予换票或发放优待券等服务，无须更多的手续。

除此以外，卡尔崇还与国际上 131 家旅馆组成了一个服务网。只要搭乘该公司航班，该公司就会为每一位乘客把行李送到所下榻的旅馆房间里。离开旅馆时，乘客直接领登机牌上飞机，而行李则由前厅的斯航营业柜台派专人送到飞机上了。卡尔崇的改革措施使斯航一举成为全球知名的航空公司。

在这则案例中，卡尔崇研究乘客心理，不但为乘客提供全程服务，还为乘客的住宿提供便利，留给乘客深刻而良好的印象。

【点评】

关门捉贼，从字面上可以看出，是一种围困并歼灭敌人（特别是小股敌人）的计谋。

军队战斗力的强弱不是取决于士兵人数的多少，而是取决于士兵力量的发挥程度。小股的军队，如游击队之类，如果有天然屏障的掩护，便能声东击西，神出鬼没，且战且隐，以小股力量击败十倍、百倍，甚至千倍于自己的敌人。

所以，对待小股敌人，要围困他们，歼灭他们。解放战争中的辽沈战役，就是典型的"关门捉贼"的战例。针对当时的形势，毛泽东果断地提出"对我军战略利益来说，是以封闭蒋军在东北加以各个歼灭为有利"的设想。东北局在战斗中发现长春易守难攻，于是采取合围的战术暂时将长春守敌围住，而调集主力部队南下，在锦州与国民党军展开会战，并一举拿下锦州，从而封死国民党军逃跑的道路，也因此掌握了战争的主动权。可见关门捉贼的战略部署是这场战役的关键。

关门捉贼的策略在商战中也多次被应用。国际上的大公司，往往都是先占领一项产品的技术制高点，然后再通过专利把这个产品的门关上，回过头来，用知识产权作为壁垒打击其他竞争者。

所以，在市场竞争中，我们也要学会用知识产权筑成壁垒，把"门"关上，让竞争者望而却步，从而在竞争中大获全胜。